A poesia negra-feminina de
Conceição Evaristo, Lívia Natália
e Tatiana Nascimento

malê

Conceição Evaristo

Foto: Lucas Jones

Lívia Natália

Foto: Lizandra Pereira

Tatiana Nascimento

Foto: Sandro Sussuarana

Heleine Fernandes de Souza

A poesia negra-feminina de Conceição Evaristo, Lívia Natália e Tatiana Nascimento

malê

Todos os direitos desta edição reservados à
Malê Editora e Produtora Cultural Ltda.
Direção: Vagner Amaro & Francisco Jorge

ISBN: 978-65-87746-27-2
Capa: Dandarra de Santana
Ilustração capa: Dansikó/Ile Idan Artes
Concepção de capa: Davi Lourenço
Diagramação: Maristela Meneghetti
Edição: Vagner Amaro

Texto revisado segundo o novo Acordo Ortográfico da Língua Portuguesa.
Proibida a reprodução, no todo, ou em parte, através de quaisquer meios.

Dados internacionais de catalogação na publicação (CIP)
Vagner Amaro – Bibliotecário - CRB-7/5224

S729p	Souza, Heleine Fernandes
	   A poesia negra-feminina de Conceição Evaristo, Lívia Natália e Tatiana Nascimento / Heleine Fernandes Souza. – Rio de Janeiro: Malê, 2020.
	   258 p.; 21 cm.
	
	   ISBN 978-65-87746-27-2
	
	   1. Literatura brasileira – história e crítica I. Título
	
	                                                    CDD – B869.9

Índice para catálogo sistemático:
I. História e crítica: Literatura brasileira   B869.9

Editora Malê
Rua do Acre, 83, sala 202, Centro, Rio de Janeiro, RJ
contato@editoramale.com.br
www.editoramale.com.br

às minhas avós, mãe, irmã, tias
e aos ancestrais
graças a quem estou aqui e sou quem sou

"O negrume de minha pele/ não dói na ponta dos meus dedos"
Lívia Natália

"Eu que sou exótica gostaria de recortar um pedaço do céu para fazer um vestido"
Carolina Maria de Jesus

Sumário

Apresentação, por Aza Njeri 17

Prefácio, por Fernanda Felisberto 19

Introdução 25

1. Os caminhos para existir: recompondo discursos e estratégias em direção à especificidade das mulheres negras
1.1. Poesia não é luxo: poesia como forma de existência 34
1.2. Cânone e a produção de inexistências 37
1.3. Existir/resistir ao epistemicídio 51
1.4. Tornar-se negra 56
1.5. Estética afro-diaspórica 61

2. Literatura negra-brasileira e o enfrentamento ao epistemicídio
2.1. Tradição fraturada 69
2.2. Literatura negra-brasileira sob o signo da contestação 76
2.3. O Movimento Negro e o quilombo de palavras 84
2.4. Literatura negra-brasileira e circuito editorial alternativo 95
2.5. Poesia negra-feminina e o estilhaçar das máscaras 100

3. Poetas contemporâneas negras e a produção de episteme afro-diaspórica
3.1. Apresentação do corpus de poetas: Conceição Evaristo, Lívia Natália e Tatiana Nascimento 117
3.2. A ancestralidade e a construção de poéticas afrocentradas 125
3.3. Amor e afetividade na diáspora 172

4. Romper com o silêncio 239

5. Referências bibliográficas 249

Apresentação

Poesia é fôlego vital de resistência negra-feminina e é esse o fio condutor da obra "A poesia negra-feminina de Conceição Evaristo, Lívia Natália e Tatiana Nascimento", de Heleine Fernandes. A autora mergulha nas escrevivências poéticas das três poetas afro-brasileiras para fazer emergir reflexões sobre o labor estético como pulsão de vida, resistência e permanência de mulheres negras. Para tal tarefa, Heleine Fernandes apresenta um panorama que localiza a produção feminina e negra na literatura, evidenciando o quanto essa arte – que se quer canônica – reproduz o ethos ocidental calcado na lógica patriarcal, colonizadora e supremacista branca. Em seguida, aprofunda a reflexão em torno do epistemicídio, esse silenciamento e apagamento genocida que recai sobre as produções, tecnologias e saberes negros, apontando o quanto a literatura afro-brasileira tem uma agenda contraepistemicida, que localiza os emparedamentos da negritude para reforçar a identidade na luta antirracista e antigenocida. Além disso, a literatura afro é uma importante via para a consciência do "tornar-se negra" por meio de sua estética afro-diaspórica.

Despida da áurea luxuosa e exclusivista, a poesia deságua nos afetos-experiências de ser mulher negra no Brasil contemporâneo e se apresenta como meio de construção de novos mundos, em que haja plenitude da humanidade para as sujeitas líricas. Para tal, as poetas grifam em seus versos suas lutas, inclusive a luta pela visibilidade de suas escritas. Encontramos, portanto, uma discussão relevante sobre o circuito editorial alternativo, como exemplo de resistência autônoma para a difusão dos trabalhos de escritores negros.

Considero esta obra uma referência para os estudos de poesia feminina negra, pois, não apenas aponta o problema do racismo estrutural e o machismo vigente na literatura brasileira, mas, sobretudo, desvela a produção epistêmica afro-diaspórica usando três artistas negras da contemporaneidade de diferentes gerações e compreensões de sua identidade.

Passeando entre Spivak, bell hooks, Sueli Carneiro, Marimba Ani e Grada Kilomba, a pesquisa explicita o poder político da poética de Conceição Evaristo e a sua influência sobre as outras duas artistas. Como uma espécie de griot, a mais velha chama à responsabilidade de fazer da Palavra uma possibilidade de reescrita, uma nova inscrição no mundo, por uma perspectiva contra-hegemônica. Este é, acredito, o ponto de onde partem as intersecções entre Tatiana Nascimento, Lívia Natália com a Iyá Conceição Evaristo.

As análises e a perspectiva do rompimento do silêncio pela escrita poética trazem ainda mais valor ao texto, pois faz desse livro, em si, uma metalinguagem. Como se a própria pesquisa e a sua publicação pela Editora Malê fossem um exercício de grito que rasga e areja a paisagem hegemônica da literatura trazendo o fôlego necessário para o movimento rumo a direções pluriversais.

Aza Njeri, doutora em Literaturas Africanas pela UFRJ, pós-doutorado em Filosofias Africanas pela UFRJ.

Prefácio

> Já era hora ohoh
> De partir oheh
> Eu sei
> Ter meu espaço ohoh
> Criar asas
> Dar meus passos
> Minha história fazer
> (Minha história - Xênia França)

Com a palavra e com o poder as mulheres negras

Por Fernanda Felisberto[1]

Quando eu penso em poesia feminina negra-brasileira, me dou conta de que ela entrou na minha vida antes mesmo do espaço acadêmico. Minha casa, assim como de muitas famílias brasileiras, é absolutamente musical, Alcione, Elza Soares, Clementina, Ivone Lara, Leci Brandão, Jovelina Perola Negra, e outras tantas, chegaram muito antes dos meus primeiros passos teóricos e guardo bem todos estes versos e melodias até hoje. E, na atualidade, outras vozes, outros

---

[1] Fernanda Felisberto é Doutora em Literatura Comparada pela UERJ e professora do Departamento de Letras, do Instituto Multidisciplinar da UFRRJ, Campus Nova Iguaçu e Tutora do PET Conexões Baixada.

ritmos, alimentam meu lazer e meu fazer acadêmico: Iza, Ludmila, Luedji Luna, Malía, Nara Couto. Escutando Xênia França resolvi escolher um verso de sua canção *Minha história*, para abrir o prefácio do livro da Heleine Fernandes, versos que apontam para fazer sua própria história, dar passos no seu tempo, criar espaços e asas.

Tive a honra de participar da banca de doutorado da Heleine, e lá ouvi em seu emocionado texto inicial as agruras que a mesma passou na universidade, revelando um tortuoso e dolorido caminho, que mulheres negras passam dentro da academia, fazendo com que muitas das vezes a única solução possível seja a desistência, o afastamento daquele espaço tóxico, como forma de sobrevivência. Mas encontrar seus pares de convivência, de troca, assim como de sujeito de investigação, tem sido outro caminho que tem ajudado a trazer afeto a este espaço tão árido, e que bom que tem permitido outros desfechos, como este que estou podendo acompanhar. Assim como Xênia França, Heleine Fernandes criou asas e hoje publica seu potente e sensível trabalho *A poesia negra-feminina de Conceição Evaristo, Lívia Natália e Tatiana Nascimento*, fruto de sua tese de doutorado, e hoje sou reconduzida por esta pesquisadora para outro lugar de estima e apreço, que é o desafio de apresentar seu trabalho para o grande público.

As mulheres negras brasileiras acadêmicas, e as mulheres negras que construíram outros percursos em suas vidas (aliás, a grande maioria), mas que tiveram contato em determinado período com organizações de mulheres negras, em território nacional, em algum momento ouviram o que chamo de nosso mantra que é *nossos passos vêm de longe*, insígnia de luta e resistência materializada pela ativista negra Jurema Wernerck, revelando que a polifonia de vozes e ações de mulheres negras formam comunidades de saberes, articulados em diferentes esferas, e que seguem sendo fontes visíveis de conhecimento e invisíveis de acalanto, visitadas, reinventadas pelas gerações presentes, mas, principalmente, mantendo a tradição de respeitar as que nos antecederam.

Esta mesma caminhada foi realizada por Heleine. Sou provocada a pensar além dos limites literários, e a ideia de valores civilizatórios afro-brasileiros emerge, lembrando também a educadora negra Azoilda Loreto, que era enfática ao destacar os valores africanos inscritos em nossa memória coletiva, que fazem parte da constituição de negras e negros brasileiros, entre eles a circularidade, que aponta para a roda, para o círculo, para o princípio e fim, mas também para renovação. E é desta maneira que li o trabalho *A poesia negra-feminina de Conceição Evaristo, Lívia Natália e Tatiana Nascimento*, pois a literatura negro-brasileira tem sido um oxigênio importante, criando novos caminhos para uma teoria da literatura que, por muito tempo, viveu engessada, requentando as mesmas vozes e visões de mundo, como bem afirma a própria autora:

> Para isso, preciso realizar um deslocamento dentro da minha formação letrada, para perceber o lugar onde estou e caminhar para onde quero ir: terrenos antes invisíveis e ilegíveis. Se trata de investir em um novo letramento: retirar, aos poucos, máscaras brancas e encontrar um novo lugar epistêmico. (SOUZA, 2020, pág. 2)

Múltiplos entrelaçamentos foram construídos dentro deste cuidadoso trabalho, destaco o geracional e o territorial: Conceição Evaristo, mineira, como a nossa poeta mais velha dando caminho às frondosas gerações seguintes, iluminando a poesia de Lívia Natália, de Salvador, e Tatiana Nascimento, de Brasília.

Nos três capítulos que conformam este trabalho, destaco a forma poética com que a autora construiu seus percursos em torno do que ela chama de "pele e papel". Ou seja, de como epistemes afro-diaspóricas podem fornecer caminhos para a compreensão e o enfrentamento de um discurso interseccional, moldado por diferentes opressões e calcado no epistemicídio; de como o discurso interseccional pode ser subvertido através da literatura negro-brasileira. Este percurso se faz pela problematização do cânone literário vigente, intencionalmente e cuidadosamente escolhendo um suporte teórico afro-centrado e decolonial, e um corpus de análise singular, traduzido na poesia de mulheres negras.

As três poetas escolhidas também formam uma encruzilhada dentro da pesquisa: todas possuem origem popular, construíram trajetórias acadêmicas, todas são doutoras, atuam dentro da universidade, e possuem em seus ofícios de poetas um indissociável labor de rasurar os limites impostos pelo cânone vigente.

E neste mar de ressignificações opto pelo caminho do afeto, bordado no texto da autora que tinge a emoções silenciadas pelas múltiplas violências coloniais, ensinando a nós, leitoras e leitores, sobre resistências de mulheres negras na poesia de Conceição Evaristo, sobre a religiosidade como abrigo e acalanto na poesia de Lívia Natália e sobre as dissidências sexuais negras na diáspora africana através da poesia de Tatiana Nascimento.

A maneira com a qual Heleine arquitetou sua pesquisa aponta para um compromisso de intelectuais negras dentro da academia, marcadas por opressões interseccionais, porém dedicadas a forjar outras epistemes, evidenciando que se a teoria disponível não for suficiente, não há problemas – criaremos outras, abandonando cada dia mais as antigas camisas de força, que mutilaram por muito tempo nossa capacidade criativa. No centro deste debate temos o cânone literário e a sua pouca diversidade, que insiste em manter uma miopia frente às vozes de mulheres negras-brasileiras escritoras. E aqui concordo com a autora uma vez mais:

> É possível perceber melhor as engrenagens responsáveis pelo efeito de inexistência das mulheres negras no panorama da poesia contemporânea brasileira. Os modos de invisibilizar as mulheres negras (como cidadãs, como artistas, como intelectuais e como seres humanos) e a deslegitimação de sua autoria se revelam partes de uma mesma máquina normatizadora que mantém em funcionamento a lógica colonial, patriarcal e supremacista branca. (SOUZA, 2020, pág. 11)

O que Heleine chama de "máquina normatizadora" está em consonância com o que a escritora chicana Glória Anzaldúa, em seu brilhante texto "Falando em línguas: uma carta para as mulheres escritoras do terceiro mundo", chama de "tolices esotéricas pseudo-intelectualizadas", que a lavagem cerebral da escola forçou em sua escrita. Pensando neste diálogo, afirmo que o presente trabalho subverte o cânone ao colocar juntos três corpos negros diversos (geracionalmente e territorialmente) – Conceição Evaristo, Lívia Natália e Tatiana Nascimento – construindo um contra discurso, enegrecendo um espaço de produção reconhecidamente branco. Faz isso com matizes negros que colocam uma das questões estéticas mais pulsantes desta literatura, que é a interferência na língua, que vai abrindo um flanco para acomodar palavras, expressões e sentimentos que a língua portuguesa não comporta.

Nessa empreitada, a autora se ampara nos eixos LGBTQI+,

feminina, negra, periférica, costumeiramente vistos como marginais, mas convocados a ocupar o centro de nossas epistemes e a estruturar uma teoria da literatura do "não ser", como define a autora ao evocar Fanon.

Parafraseando Heleine, carinhosamente, eu desejo que os seus caminhos de encontro e escuta com a criatividade tragam sempre potência para forjar epistemes afro-diaspóricas, para abrir os caminhos de sua singularidade como pesquisadora. E para nós, leitoras e leitores, desejo caminhos ávidos de palavras e de poder das mulheres negras. Boa leitura!

Introdução

A mulher intelectual como uma intelectual tem uma tarefa circunscrita que ela não deve rejeitar com um floreio
Gayatri Spivak

Alguém pode falar (somente) quando sua voz é ouvida. Nessa dialética, aquelas/es que são ouvidas/os são também aquelas/es que 'pertencem'.
Grada Kilomba

A paixão é uma fera que hiberna precariamente e, como tal, não mantém a discrição por muito tempo. A máxima é da poeta Ana Cristina Cesar, com quem aprendi sobre o poder movente e misterioso da paixão. Com ela também aprendi que a escrita não está desvencilhada do corpo e dos afetos e, por isso, farei caber nesta introdução um pouco sobre a escrita da tese que aqui apresento, ou um pouco sobre como ela é afetada e atravessada pela vida. Ou sobre como o tema desta tese me encontrou.

Este texto surge da elaboração de um sentimento de profunda desilusão com a universidade. Em 2014 apresentei uma dissertação sobre a poeta Ana Cristina Cesar a uma banca formada por mulheres brancas, com exceção do meu orientador, o professor Alberto Pucheu. A princípio tinha ficado muito feliz com esta formação, que contrastava com a predominância de homens no quadro de professores efetivos da Letras da UFRJ. O momento representava para mim uma das maiores conquistas da minha vida, já que nunca havia imaginado que chegaria tão longe na vida acadêmica. Muitos de meus colegas de graduação, vindos do subúrbio e de famílias modestas, não conseguiram manter vínculo com a universidade após concluírem a licenciatura. Na minha família, eu era a primeira a fazer curso superior em uma universidade pública, o que para mim representava uma espécie de conquista coletiva. O primo com quem cresci, apenas poucos anos mais novo que eu, não chegou a terminar o ensino médio e alguns de meus parentes são, até hoje, analfabetos. Felizmente, tive pais que valorizaram muito os meus estudos e me estimularam o quanto puderam. Logo, apesar de gostar muito de estudar e de escrever, e de ter afinidade com a vida intelectual, não achava que a carreira acadêmica fosse para mim.

Cursei Letras em um momento político que abriu possibilidades para alunos vindos da classe trabalhadora, o que foi decisivo para meu desenvolvimento intelectual e permanência na universidade por mais de dez anos. Na UFRJ, tive diversas bolsas, desde a graduação até o doutorado, que me estimularam a manter uma vida acadêmica concomitante ao desenvolvimento de minha carreira profissional como professora de língua materna em escolas de ensino básico e em pré-vestibulares comunitários comprometidos com o ingresso de alunos como eu, oriundos de favelas ou zonas periféricas, na universidade. Sou, por isso, fruto de ações afirmativas e políticas públicas de incentivo à pesquisa científica.

Enfim, digo tudo isso para explicar o sentimento que me habitava no dia da defesa, para a qual convidei familiares, amigos e ex-alunos de pré-vestibulares comunitários que, naquele momento, já eram graduandos da própria UFRJ ou da UERJ. Infelizmente, a celebração para a qual me preparei não foi bem-vinda. Após os elogios iniciais, a banca começou uma sabatina que me deixou totalmente desnorteada... faltaram folhas em meu caderno para anotar tantos questionamentos e demandas que não criavam espaço de escuta e diálogo, muito pelo contrário. Senti ali que a universidade pode ser um espaço tão ou mais opressor do que qualquer outro. Na época eu ainda não tinha entendido tão bem as lições de Benjamin e de Foucault, que falavam do quanto o saber e a civilização podem ser violentos.

Apesar de já ter vivido situações de constrangimento na universidade, aquela foi especialmente aterradora, talvez por que eu tenha contado com uma espécie de empatia ou mesmo solidariedade feminina na recepção de um trabalho feito por uma aluna que colocava na centralidade a obra de uma poeta. Ao fim, minha dissertação foi aprovada com elogios na ata, sem que eu precisasse fazer nenhum ajuste no texto. Contudo, levei comigo o ônus de uma angustiante sensação de que não era competente o suficiente ou adequada para me manter no espaço universitário. Me senti uma intrusa naquele espaço, sentimento muito próximo do que Patrícia Collins nomeou como "outsider within". Era eu uma estrangeira de dentro (na tradução para o português do termo de Collins) ou um corpo estranho, como descreveu bell hooks:

> Éramos encorajados, como muitos estudantes ainda são, a trair nossas origens de classe. Recompensados se decidíssemos nos assimilar, excluídos se preferíssemos conservar aqueles aspectos do nosso ser, alguns de nós éramos vistos, com demasiada frequência, como corpos estranhos. (HOOKS, 2017: 241).

Some-se às marcas de classe também as marcas de gênero e as marcas da negritude: toda uma escrita que me constitui e que, muitas vezes, fala por mim antes que eu pronuncie qualquer palavra. Enfim, aquela defesa, de cujos ataques não consegui me defender, me devolveu à dolorosa hipótese de que, de fato, a universidade não era lugar para mim, de que eu não pertencia àquele espaço, apesar de desejá-lo. "Tal demarcação de espaços introduz uma dinâmica na qual Negritude significa 'estar fora de lugar'. Dizem-me que estou fora do meu lugar, como um corpo que não está em casa"[2]: encontro em texto de Grada Kilomba, uma tradução do incômodo que senti por muito tempo e que ainda sinto.

Por muito estímulo do meu orientador, que sempre acreditou na minha capacidade, fiz o concurso do doutorado no fim do mesmo ano, aproveitando parte da dissertação para formulação do pré-projeto. Fui aprovada e recebi bolsa CNPQ logo no primeiro semestre de 2015 o que, naquele momento, garantia minha sobrevivência financeira. Não tanto a minha saúde. Os quatro anos e meio que se seguiram exigiram a árdua elaboração do trauma da defesa. Ao longo desse tempo de pesquisa e de trabalho psíquico (que atravessou a hipótese de abandono do doutorado), surgiu a possibilidade de escrever o texto que apresento, dedicado a investigar o apagamento do protagonismo de mulheres negras na poesia brasileira. O projeto inicial, aprofundando o estudo do tema da mãe na obra da Ana Cristina Cesar, já não fazia o menor sentido. Tampouco a ideia alternativa, de dedicar um estudo às poetas contemporâneas que, de algum modo, se relacionassem com a poética de Ana C. Como dizem os versos do poema de Jarid Arraes: "1.439 lugares/ e eu era a única

---

[2] "'Descolonizando o conhecimento' - Uma Palestra-Performance de Grada Kilomba'. Disponível em http://www.goethe.de/mmo/priv/15259710-STANDARD.pdf. Acessado em agosto de 2018.

negra (...) roubaram de mim/ de você desse lápis/ desse teclado/ a escrita da poesia qualquer" (ARRAES, 2018: 84). Eu não tinha como escapar à experiência indigesta que me confrontava e que não deixava de se repetir na minha memória. Eu era convocada pela tal "tarefa circunscrita" de que falava Spivak.

Foi a FLIP de 2016, em homenagem à Ana Cristina Cesar, e especialmente a insatisfação das Intelectuais Negras da UFRJ, dentre elas Giovana Xavier, pela falta de mulheres negras nas mesas principais do evento que possibilitou que me deparasse com o meu desconhecimento quase completo de poetas negras brasileiras, tanto contemporâneas quanto de outras épocas. Nunca havia me dado conta, isso nunca havia sido problematizado na minha trajetória acadêmica até aquele momento. Até então todas as minhas pesquisas e referenciais teóricos dedicavam-se a artistas e intelectuais brancos, em sua imensa maioria homens. Nada na minha formação tocava o pensamento e a arte afro-brasileiras, que pareciam não existir. A perplexidade desta descoberta me mobilizou e fez buscar por esta produção, o que demandou que eu me afastasse das bibliografias eurocentradas dos cursos e pesquisas que havia feito e me conectasse com epistemologias e poéticas que circulavam predominantemente fora dos muros da universidade. Foi o encontro com mulheres negras já mais envolvidas na militância em prol da visibilização dos negros na sociedade brasileira, mulheres que não separavam a teoria da prática social, que me possibilitou conhecer estes outros modos de saber e de fazer poesia.

Me entregar a esta pesquisa e a esta escrita teve um efeito curativo. "Cheguei à teoria porque estava machucada" (HOOKS, 2017: 83), conforme escreve bell hooks ao defender a importância da teoria e do trabalho intelectual na construção de uma prática social libertadora. De fato, este longo ensaio que apresento foi se inscrevendo em meu corpo antes de chegar ao papel, através de experiências que mudaram o meu modo de ver e me colocar no mundo. Patrícia Collins, no prefácio[3] ao "Black feminist thought", diz que seu livro reflete "um estágio na minha luta contínua para recuperar a minha voz", a qual era silenciada desde a infância. Guardadas as proporções entre a obra destas intelectuais extraordinárias e o que pude produzir durante os anos de doutorado, apresento um trabalho guiado pela mesma necessidade vital de criar recursos para reagir aos diversos mecanismos de silenciamento presentes na sociedade brasileira, notadamente racista, sexista e classista. Para isso, busquei colocar na centralidade não só a obra poética de escritoras negras, como também a teoria produzida por intelectuais negras. As dificuldades foram muitas, desde desvencilhar-me da bagagem adquirida ao longo da minha formação na Faculdade de Letras da UFRJ – afastar-me das minhas "máscaras brancas", como nomeou Fanon; até acessar a obra de teóricos pós-coloniais como Stuart Hall, Boaventura dos Santos e o próprio Frantz Fanon.

Acredito na importância dessa trajetória individual por ser ela também coletiva, posto que o objetivo é dar protagonismo a pessoas e a um modo de pensamento invisibilizado, vítimas de epistemicídio. Aposto no aspecto político de escrever, ler e citar, apontado por Conceição Evaristo no prefácio ao livro de ensaios de Sueli Carneiro:

> Promover os nossos textos entre nós mesmas, e para além de nós, investigar uma bibliografia não conhecida ou não recepcionada como objeto científico, mas que nos informa a partir de nosso universo cultural negro, insistir em apreender

---

[3] Disponível em https://feminismocomclasse.wordpress.com/2017/07/02/pensamento-feminista-negro-traduzido-prefacio/ Acessado em agosto de 2018.

as informações contidas na obra, são atos de leitura que se transformam em atos políticos. Quando optamos por uma autoria e não outra, para compor o aparato crítico, as referências teóricas das pesquisas que pretendemos empreender, consequentemente vamos apresentar outras citações. Nesse sentido estamos compondo uma outra política de citação a partir de conhecimentos, até então, subjugados. (CARNEIRO, 2018: 8)

Descobrir um número enorme de poetas negras contemporâneas que publicavam em pequenas editoras; descobrir uma outra história da literatura brasileira povoada por escritores negros e escritoras negras; descobrir que o primeiro romance abolicionista do Brasil foi escrito por Maria Firmina dos Reis, uma mulher negra; tomar contato com uma série de intelectuais e militantes do feminismo negro, brasileiro e norte-americano, que produziram conceitos importantes para entender e denunciar o funcionamento do racismo e do machismo em sociedades patriarcais; todas estas descobertas me deram novo fôlego: foram um sopro de vida. Deparei-me com toda uma bibliografia nova que me fazia sentir pertencente a uma comunidade de pensamento, além de me apresentar a importância de defender e fazer circular diferentes lugares de fala e de saber nas universidades. Ler pensadoras como Djamila Ribeiro, Grada Kilomba, bell hooks, Angela Davis, Audre Lorde, Lélia Gonzales, Sueli Carneiro e as poetas Conceição Evaristo, Miriam Alves, Geni Guimarães, Lívia Natália, Tatiana Nascimento, Nina Rizzi, Lubi Prates, Estela do Patrocínio, dentre tantas outras, me deu recursos para repensar meu lugar no mundo e também me forneceu linguagem para enfrentar o silenciamento.

Esta foi a possibilidade que encontrei de reconciliação entre a universidade e o meu desejo: uma escrita que pudesse, de algum modo, contribuir para a valorização das mulheres negras na sociedade brasileira e nos estudos literários. Para isso eu precisava encontrar uma voz ao mesmo tempo individual e coletiva, uma "escrita de si/nós", aspecto identificado pela pesquisadora Ana Rita Santiago nas narrativas afro-femininas, afinada ao princípio ético e filosófico pertencente à tradição de diversos povos africanos, o "ubuntu", noção que pode ser formulada como algo próximo a "eu sou porque nós somos". O desafio fica maior quando se trata de dialogar com a tradição da escrita acadêmica.

    Dos muitos encontros deslumbrantes com a obra de poetas negras brasileiras, escolhi as contemporâneas Conceição Evaristo, Lívia Natália e Tatiana Nascimento para ler com mais dedicação e profundidade. A tese segue um caminho em que, em um primeiro momento, traço uma discussão teórica que investiga a produção da inexistência das mulheres negras, que tem por consequência a invisibilização da autoria de poetas negras no Brasil; em um segundo momento investigo a literatura negra-brasileira; para, por fim, dedicar-me à leitura das obras das três poetas selecionadas. No 1° capítulo são explorados os conceitos de "epistemicídio", "interseccionalidade" e "estética afro-diaspórica". No 2° capítulo, apresento o conceito de literatura negra-brasileira, uma estratégia de combate ao epistemicídio criada pelos intelectuais do Movimento Negro. Neste capítulo a reação criativa de artistas negros silenciados pela história da literatura é apresentada. No 3° capítulo, faço leituras das obras de Conceição Evaristo, Lívia Natália e Tatiana Nascimento, revelando a poesia afro-feminina como forma de pensamento e criação de episteme afro-diaspórica.

    Esta tese se afina com a produção de saberes descolonizadores, que buscam garantir a circulação de vozes não-hegemônicas nos espaços de poder e de palavra.

Por que sou levada a escrever? Porque a escrita me salva da complacência que me amedronta. Porque não tenho escolha. Porque devo manter vivo o espírito de minha revolta e a mim mesma também. Porque o mundo que crio na escrita compensa o que o mundo real não me dá. No escrever coloco ordem no mundo, coloco nele uma alça para poder segurá-lo. Escrevo porque a vida não aplaca meus apetites e minha fome. Escrevo para registrar o que os outros apagam quando falo, para reescrever as histórias mal escritas sobre mim, sobre você. Para me tornar mais íntima comigo mesma e consigo. Para me descobrir, preservar-me, construir-me, alcançar autonomia. Para desfazer os mitos de que sou uma profetisa louca ou uma pobre alma sofredora. Para me convencer de que tenho valor e que o que tenho para dizer não é um monte de merda. Para mostrar que eu posso e que eu escreverei, sem me importar com as advertências contrárias. Escreverei sobre o não dito, sem me importar com o suspiro de ultraje do censor e da audiência. Finalmente, escrevo porque tenho medo de escrever, mas tenho um medo maior de não escrever.

Glória Anzaldúa

1. Os caminhos para existir: recompondo discursos e estratégias em direção à especificidade das mulheres negras

Toda luz é um exercício negativo de escuridão.
Lívia Natália

Eu estava escrevendo, esperando o arroz secar.
Carolina Maria de Jesus

1.1. Poesia não é luxo: poesia como forma de existência

Desejo me aproximar da poesia escrita por mulheres negras hoje no Brasil. E também da produção teórica de pensadoras negras. Para isso, preciso realizar um deslocamento dentro da minha formação letrada, para perceber o lugar onde estou e caminhar para onde quero ir: terrenos antes invisíveis e ilegíveis. Se trata de investir em um novo letramento: retirar, aos poucos, máscaras brancas e encontrar um novo lugar epistêmico. A metáfora das "máscaras brancas" é do teórico martinicano Frantz Fanon, que problematiza o embranquecimento do homem e da mulher negro/a colonizado/a e as visões de mundo europeias e brancas que se impuseram durante e após a colonização. Neste terreno, é preciso aprender e desaprender. Começo o movimento nesta direção com um trecho do ensaio "Poesia não é luxo", da poeta e ativista afro-americana Audre Lorde:

> Isso é poesia como iluminação, pois é pela poesia que nós damos nome àquelas ideias que estão – até o poema – sem nome e sem forma, a ponto de ser paridas, mas já sentidas. Essa destilação de experiência da qual brota poesia verdadeira pare pensamento como sonho pare conceito, como sentimento pare ideia, e conhecimento pare (precede) entendimento. (NASCIMENTO, 2014: 133)

Neste trecho, Lorde coloca a poesia como modo de nomear, o que significa fazer circular através de nomes novas concepções de mundo e experiências ainda não irrompidas na superfície da língua. É esse o poder da poesia, segundo a autora, de iluminar, dar a ver o que antes era invisível, conferir existência ao que não existia de todo, já que anônimo e informe. A língua aqui é simultaneamente código e corpo vivo, heterogeneidade e dinamismo, reações e transformações. As ideias, vindas da destilação de experiências, são paridas, o que dá notícias do lugar de onde partem e do corpo que as vivencia e sente. A poeta fala para mulheres negras de um uso da poesia feita por mulheres negras, que ao longo da história da literatura tiveram que lidar com o silenciamento, com a invisibilidade e com a restrição. Lorde fala desde o lugar de mulher negra lésbica, concebendo o exercício da poesia como um modo de validar sentimentos e formas de pensamento não hegemônicas, como modo de engendrar mudanças, dando à luz (tornando sensíveis e inteligíveis) outros corpos e formas de viver.

No trecho, chama atenção a não oposição entre pensamento, sonho e conceito, sentimento e ideia, na contramão do pensamento cartesiano sintetizado pelo "penso, logo existo". Em "Poesia não é luxo", conhecimento e entendimento são partes de um mesmo corpo que se conectam através do verbo "parir". Este verbo, repetido muitas vezes, remete à maternidade e à reconstituição do elo entre mães, filhas e avós, criando uma genealogia de mulheres que se unem pela ancestralidade e pelo exercício da poesia. Em sociedades regidas pelo falocentrismo e pelo heteropatriarcado, pelo racismo e pela branquitude, esse é um exercício de resistência que permite a sobrevivência de diferentes sensibilidades, modos de pensar e sentir, epistemologias, tradições e imaginários. Tatiana Nascimento, poeta brasiliense tradutora deste ensaio, dá destaque ao direcionamento político-poético da autora: "Lorde desafia o patriarcado branco desde uma matrilinearidade negra" (NASCIMENTO, 2014: 140). O resgate dessa matrilinearidade negra faz com que outros regimes de significação surjam na língua que, no caso dos povos afro-diaspóricos, é a língua branca do colonizador. Esta língua branca, que se impõe apagando referências ancestrais não-brancas, é também o meio através do qual narrativas diversas podem surgir e se insurgir.

Roland Barthes falava da dimensão política da língua, nomeando o sistema linguístico como fascista por nele se manifestar o "desejo de agarrar", capturar e obrigar a dizer o que não queremos. "Falar, e com maior razão discorrer, não é comunicar... é sujeitar" (BARTHES, 2007: 13). Para ele, a única fuga ao fascismo da língua, que ao mesmo tempo nos proíbe e permite falar, é trapacear com a língua, burlar o código através do próprio código: uma imagem para a literatura. O que passei a perceber é que, mesmo ela, a literatura, não está isenta de ideologias e posicionamentos políticos. Entendo, portanto, a poesia como campo de disputas e de negociação, engendrada desde um lugar político.

Em outro trecho do mesmo ensaio, Lorde fala da sobrevivência disso que é escuro, que é outro lugar de poder não manifesto na superfície branca da língua do colonizador. A poesia seria um modo de encontrar com este poder ancestral reprimido das mulheres negras para fazê-lo vir à superfície, através de um "escurecimento", e não de um "esclarecimento" como recomendaria a tradição iluminista: "o lugar de poder de mulher dentro de cada uma de nós não é branco nem superfície; é escuro, é ancestral, e é profundo. Para mulheres, então, poesia não é luxo. Ela é necessidade vital de nossa existência." (NASCIMENTO, 2014: 135). Assim, de acordo com a autora, quando mulheres negras fazem poesia, não se trata de uma atividade supérflua ou alienante; se trata de reconexão com heranças e valorização de pontos de partida silenciados. Esta poesia é evocação e também elaboração de outros lugares de poder e fala, pois "poesia não é só sonho e visão; ela é a arquitetura óssea de nossas vidas. Ela lança as fundações para um futuro de mudança, uma ponte através de nossos medos do que nunca foi antes." (NASCIMENTO, 2014: 134)

Partir do escuro como lugar positivo e vital de criação: é esse deslocamento que a poesia negro-feminina exige, indo contra as diretrizes do saber hegemônico e os estereótipos do escuro como o lugar do perigo, do erro e da ignorância. O que Lorde afirma é que é preciso seguir outros paradigmas para que as mulheres negras, grupo em que me incluo, possamos existir. Assim, "a mãe-Negra dentro de nós – a poeta – sussurra em nossos sonhos: eu sinto, logo posso ser livre".

1.2. Cânone e a produção de inexistências

Audre Lorde acredita na importância da poesia para mulheres negras devido ela poder garantir-lhes a existência. No entanto, esse exercício ontológico da poesia contrasta com a sua pouca legitimação na esfera pública, já que nos meios de transmissão e divulgação do saber (instituições educacionais, meio editorial, eventos e prêmios literários), a existência da poesia das mulheres negras, do passado e do presente, é muito pouco reconhecida, parecendo, por vezes, não existir.

O estudioso de literatura negro-brasileira Eduardo de Assis Duarte registra uma "descrença na infalibilidade dos critérios de consagração crítica, presente nos manuais que nos guiam pela história das letras aqui produzidas", devido ao fato de perceber "ao percorrer os caminhos de nossa historiografia literária, a existência de vazios e omissões que apontam para a recusa de muitas vozes, hoje esquecidas e desqualificadas, quase todas oriundas das margens do tecido social" (DUARTE, 2005: 133). De fato, as autoras e os autores negros não costumam integrar os currículos escolares nem mesmo as ementas dos cursos de Letras.

No mercado editorial, o acesso à produção de poetas negras brasileiras é bastante restrito. A publicação do trabalho literário de artistas negras/os, mulheres e homens, raras vezes ocorre pelas grandes ou médias editoras, sendo viabilizadas predominantemente por editoras menores, através de edições autofinanciadas, com tiragens pequenas, ou através de antologias, financiadas coletivamente. Hoje, há algumas editoras engajadas na visibilização destes artistas, respaldadas pela lei 10.639/2003, que torna obrigatório o ensino de história e cultura afro-brasileira e indígena nas escolas. Dentre elas estão a Malê, a Ogum´s Toques Negros, a Quilombhoje, a Nandyala, a Patuá, a Padê, a Selo Negro do grupo Summus, a Caramurê, a Filhos da África (da União dos Coletivos Pan-Africanistas – UCPA), a Pallas, a Mazza, dentre outras. O depoimento de Vagner Amaro, editor da Malê, faz um retrato da marginalidade das escritoras e dos escritores afro-brasileiros. Ele conta, em uma entrevista, que perceber esse cenário fez com que fundasse a editora Malê:

> Descobri que muitos destes autores publicam em editoras pequenas ou bancam suas próprias edições em pequenas tiragens e por este motivo vendem seus livros em eventos menores e não chegam às grandes livrarias e distribuidoras, o que dificulta que sejam conhecidos e que seus livros sejam comprados. Descobri também que muitos títulos, ao esgotarem as primeiras pequenas tiragens, não são reimpressos e fica simplesmente impossível consegui-los.[4]

---

[4] Disponível em http://biblioo.cartacapital.com.br/bibliotecario-lanca-editora-voltada-a-tematica-afro-brasileira/ Acessado em janeiro de 2018.

Uma relativa exceção neste cenário de invisibilização é a poeta Conceição Evaristo. Relativa porque somente aos 70 anos de idade, depois de sua obra ser traduzida para várias línguas, chega a ser reconhecida no Brasil[5]. De todo modo, exceções só confirmam a regra. Vencedora do prêmio Jabuti em 2015, seus livros não eram encontrados nas prateleiras das livrarias cariocas até o ano de 2017, quando foi homenageada pela exposição do Itaú Cultural e convidada da FLIP, tendo parte de sua obra reeditada pela editora Malê. O reconhecimento maior do valor de sua obra está atrelado também à polêmica ocorrida em 2016, que foi disparada pela carta aberta escrita pela professora Giovana Xavier, da Faculdade de Educação da UFRJ, que denunciava a ausência de escritoras negras entre as 17 mulheres convidadas para participar das mesas principais do evento que, naquele ano, homenageava a poeta Ana Cristina Cesar. Nesta carta, intitulada "Arraiá da Branquidade", ela relembra a desvalorização institucional de autoras negras do passado, como Maria Firmino dos Reis e Carolina Maria de Jesus, e também do presente, como Cidinha da Silva, Elizandra Souza, Jarid Arraes, Jennifer Nascimento, Livia Natalia, dentre outras:

> Em uma Feira Literária Internacional que em 2016 traz como tema a "mulher", sem, no entanto, considerar a pauta prioritária dos movimentos transfeministas e feministas negros acerca das diversas experiências que definem o que é ser mulher, vemo-nos obrigadas a retomar a pergunta de 1851 da abolicionista afro-americana Soujourner Truth: 'e não sou eu uma mulher?' Em um país em que 93,9% dos autores são brancos e 72,7%

---

[5] Mais um elemento que aponta um reconhecimento com reservas da obra de Conceição Evaristo é a escolha do/a novo/a imortal para a cadeira número 7 da Academia Brasileira de Letras, para a qual a escritora se candidatou. Houve uma enorme mobilização popular favorável a sua eleição, incluindo uma petição na internet que chegou a reunir mais de 25.000 assinaturas. Porém, dos 35 votos, a escritora recebeu apenas 1. Foi eleito em seu lugar o cineasta Cacá Diegues.

homens, a feira que podia representar um contraponto, posiciona-se na linha 'mais do mesmo', comunicando para seu público que o ato de ler e escrever não é para o nosso bico. Como uma Mulher Negra, pesquisadora da escrita e da história das Mulheres Negras, eu encerro com Esmeralda Ribeiro: 'ser invisível quando não se quer ser' (...) mas 'a brincadeira agora é outra'. Somos humanas. Somos diversas. Somos visíveis. E como autoras e donas de nossas próprias histórias, faremos valer a luta ancestral para que nossa palavra seja impressa, ouvida e respeitada.[6]

Os questionamentos feitos por Giovana Xavier geram-me outros: em se tratando do Brasil, existe o mesmo horizonte de possibilidades e interdições entre as mulheres de diferentes classes e grupos raciais? Pensando nos leitores de poesia no Brasil, país em que mais de 50% da população se autodeclara negra ou parda, temos igual acesso aos livros de poetas contemporâneas brancas e poetas contemporâneas negras? Nos últimos anos, editoras de prestígio como a Cia das Letras, a 7Letras e a extinta Cosac & Naify apostaram na publicação de poesia escrita por mulheres, como a das excelentes Angélica Freitas, Marília Garcia, Annita Costa Malufe, Bruna Beber e Simone Brantes, o que mudou bastante o cenário masculinista da poesia brasileira, impulsionando inclusive a edição de obras completas de poetas pouco lembradas pela história oficial, como Gilka Machado, Orides Fontela e Hilda Hilst. Quantas destas poetas são negras? Apenas Gilka Machado que, apesar de negra, aparece embranquecida nas fotografias de época que ilustram a

---

[6] Ao texto se seguiram outras ações, como a organização de um evento paralelo à FLIP, composto por mesas das quais participaram exclusivamente intelectuais negras. O nome do evento era "Vista nossa palavra", organizado junto com Janete Santos Ribeiro. Também foi organizada a publicação digital "Catálogo Intelectuais negras visíveis", lançado na FLIP de 2017, cujo objetivo era apresentar mulheres negras atuando nas mais diversas áreas do saber. A carta está disponível em https://conversadehistoriadoras.com/2016/06/27/carta-aberta-a-feira-literaria-internacional-de-parati-cade-as-nossas-escritoras-negras-na-flip-2016/. Acessado em janeiro de 2018.

edição, o que ocorreu com outros artistas negros do século XIX como Maria Firmina dos Reis e Machado de Assis. Quando será amplamente reconhecida e tornada acessível a obra de Miriam Alves? Quando falamos as palavras "mulher", "poeta" e "escritora" pensamos na existência de mulheres, poetas e escritoras, negras?

Eduardo de Assis Duarte, crítico literário e professor da UFMG, no mesmo ensaio citado anteriormente, identifica um processo de revisão da historiografia literária brasileira protagonizado por integrantes dos movimentos feminista e negro: "No decorrer dos anos 80, a postura revisionista ensaia seus primeiros passos na academia pelas mãos do feminismo, bem como a partir das demandas oriundas do movimento negro e da fundação no Brasil de grupos como o Quilombhoje." (DUARTE, 2005: 115) Apesar das transformações ocorridas nos estudos literários desde os anos 80 para cá, com o florescimento dos estudos sobre literatura negro-brasileira e com a maior visibilidade de autoras brancas, a produção literária de mulheres negras se manteve em um lugar de pouco prestígio. Na minha formação, em nenhum momento, a obra de uma mulher negra, brasileira ou estrangeira, foi estudada. A que isso se deve?

Busquei respostas no modo de organização estrutural da sociedade brasileira. Enquanto mulheres e negras, sofrem de uma dupla, quiçá tripla exclusão: se encontram em lugar minoritário devido o gênero e devido a raça, que no Brasil favorece um outro fator de exclusão, o de classe social. Nesse sentido, afirma Neusa Santos, "Apesar de estar fundamentada em qualidades biológicas, principalmente a cor da pele, raça sempre foi definida no Brasil em termo de atributo compartilhado por um determinado grupo social, tendo em comum uma mesma graduação social, um mesmo contingente de prestígio e mesma bagagem de valores culturais."

(SANTOS, 1983: 20). Mulheres negras têm suas trajetórias determinadas pela interação entre as categorias de gênero, raça e classe, que impõem barreiras sociais significativas e as invisibiliza. A tese da natureza interligada da opressão vem sendo elaborada há tempos, desde o século XIX, pelas feministas negras que "seriam as primeiras a perceberem que minimizar uma forma de opressão, apesar de essencial, ainda pode deixá-las oprimidas de outras formas igualmente desumanizadoras." (COLLINS, 2016: 107). De acordo com o estudo da pensadora Patrícia Hill Collins, as mulheres negras sofrem do intercruzamento de opressões advindas do acúmulo de diferentes categorizações dicotômicas que definem identidades diferentes, opostas e desiguais. A esta sobreposição de lugares de exclusão dá-se o nome de interseccionalidade. As categorizações identitárias, que organizam toda a sociedade, se estabelecem de acordo com um pensamento dualístico, do tipo isto ou aquilo, que vai organizar diferenças em pares como branco/preto, masculino/feminino, rico/pobre, sujeito/objeto.

> Como raramente essas dualidades representam relações de igualdade na diferença, a relação inerentemente instável é resolvida ao subordinar-se uma metade de cada par à outra. (...) A diferença de oposição dicotômica invariavelmente implica relações de superioridade e inferioridade, relações hierárquicas que se enredam com economias políticas de dominação e subordinação. A opressão vivenciada pela maioria das mulheres negras é moldada por seu status de subordinadas em meio a uma série de dualidades do tipo isto ou aquilo. Às mulheres afro-americanas têm sido atribuídas as *metades inferiores de diversas dualidades* e essa colocação tem sido central para a sua dominação persistente. (COLLINS, 2016: 108-109. Grifo meu).

Desse modo, as mulheres negras são intensivamente lidas como inferiores, colocadas no cruzamento de lugares de descrédito e desumanidade que resultam nas suas aparentes inexistências. As pessoas negras LGBTQI+ são ainda mais desumanizadas, por não se conformarem ao padrão binário que organiza o gênero e ainda sofrerem com o racismo. Assim, mulheres negras e pessoas negras LGBTQI+ sofrem de uma invisibilização maior do que mulheres brancas que, por serem brancas, atendem em parte ao padrão de humanidade definido como universal. Há ainda que se considerar a condição de classe social nessa conjuntura de acesso ao poder nas sociedades ocidentais.

O gênero masculino e a raça branca são tidos como categorias não marcadas, correspondentes ao padrão universal de humanidade. Assim, quando geralmente se emprega a palavra "homem", é feita referência a um indivíduo do sexo masculino que se identifica com esta "identidade biológica", branco e heterossexual. Por isso, os homens negros, apesar de serem homens, também sofrem de desumanização, devido o racismo. Por outro lado, quando se emprega a palavra "negro", muitas vezes fala-se apenas do homem negro, sendo invisibilizada a existência da mulher negra. Tragicamente, quando utilizada a palavra "mulher", na maioria das vezes é feita referência a uma pessoa do sexo feminino que se identifica com esta "identidade biológica", branca e heterossexual. Assim, segundo a intelectual negra Grada Kilomba, "habitamos uma espécie de vácuo de apagamento e contradição 'sustentado pela polarização do mundo em negros de um lado e mulheres do outro' (Mirza, 1997: 4). Nós no meio. (…) Tais narrativas separadas mantêm a invisibilidade das mulheres negras nos debates acadêmicos e políticos." (KILOMBA, 2019: 98)

A exclusão decorrente dessa dualidade de organização

das identidades pode ser percebida no importante estudo da pesquisadora e professora da UNB Regina Dalcastagné, "A personagem do romance brasileiro contemporâneo", que discute a falta de diversidade social nas representações que circulam em romances publicados entre 1990 e 2004 por editoras líderes de mercado como a Record, a Cia das Letras e a Rocco. Nesta pesquisa, Dalcastagné traça um perfil dos 165 autores dos 258 romances que fizeram parte de seu corpus de estudo. Ela constata que 72,7% destes autores são homens (logo, 27,3% são mulheres) e que 93.9% são brancos, sendo que "3,6% não tiveram a cor identificada e os 'não brancos', como categoria coletiva, ficaram em meros 2,4%" (2005: 31). O resultado traz uma reflexão extremamente importante e se propõe a uma investigação bem intencionada, no entanto a inexistência da categoria "mulher negra", que combina gênero e raça, contribui para que as mulheres negras não sejam concebidas como autoras da literatura brasileira. A uma futura pesquisadora que empreenda um tipo de estudo como esse, tomando como objeto a poesia contemporânea, seria indispensável incluir a categoria "poetas negras", ainda que para revelar a sua pouco ou quase nenhuma participação nos catálogos de grandes editoras.

A lógica dualista que coloca as mulheres negras em uma lacuna ilegível também guia muito do funcionamento de movimentos sociais, como aponta Kimberlé Crenshaw: "uma das dificuldades é que mesmo dentro dos movimentos feministas e anti-racistas, raça e gênero são vistos como problemas mutuamente exclusivos" (CRENSHAW, 2002: 14). Se o assunto é gênero, não se fala de raça; se o assunto é raça, não se fala de gênero, o que contribui para a manutenção do racismo no Movimento Feminista e do machismo no Movimento Negro. Diagnóstico semelhante é feito por Sueli Carneiro:

> ... Os esforços organizativos das mulheres negras decorrem da insuficiência com que a especificidade da mulher negra é tratada tanto no Movimento Feminista quanto no Movimento Negro posto que não está estruturalmente integrada nas concepções e práticas políticas destes dois movimentos sociais a perspectiva que há sempre uma dimensão racial na questão de gênero, e uma dimensão de gênero na problemática étnico-racial. (CARNEIRO, 2018: 170)

Assim, a contrapartida de pensadoras negras para tornarem-se visíveis e pautarem problemas específicos vividos por mulheres negras foi romper com essa lógica dicotômica hierarquizante, propondo a leitura da intersecção de categorias de identidade/exclusão. A respeito desse método de análise interseccional, é decisiva a investigação de Ângela Davis em torno do lugar das mulheres negras afro-americanas na história do feminismo nos EUA, em *Mulheres, raça e classe*. No entanto, é um trecho do ensaio "Estudos feministas – acadêmicas negras", de bell hooks, que quero trazer para colocar em foco a questão acadêmica da circulação do saber. O ensaio é um relato em primeira pessoa, em que a autora narra experiências pessoais que foram decisivas para o desenvolvimento de seu pensamento e trajetória intelectual:

> Significativamente, descobri que, quando se falava das 'mulheres', a experiência das brancas era universalizada como representação da experiência de todo o sexo feminino; e que, quando se mencionavam os 'negros', o ponto de referência eram os negros do sexo masculino. Frustrada, comecei a questionar os modos pelos quais os preconceitos racistas e

sexistas também moldavam e informavam toda a produção acadêmica que tratava da experiência negra e da experiência feminina. Estava claro que esses preconceitos haviam criado uma circunstância onde havia pouca ou nenhuma informação sobre as experiências características das mulheres negras. (HOOKS, 2017: 163)

A avaliação de hooks é certeira ao identificar o racismo e o sexismo atuando na produção acadêmica e, especialmente, ao salientar que a condição de inexistência das mulheres negras no âmbito das universidades, que lhe causava tanto estranhamento, havia sido criada, ou seja, produzida por preconceitos. Não se tratava de um descuido ou esquecimento, mas sim de uma postura ativa.

Boaventura dos Santos se afina com esta análise do problema, afirmando que há uma produção de ausências nos domínios do conhecimento científico e filosófico ocidental, posto que "o que não existe é, na verdade, activamente produzido como não existente, isto é, como uma alternativa não credível ao que existe." (SANTOS, 2002: 11) Segundo o sociólogo, há um desperdício de experiências e um empobrecimento no horizonte do conhecimento advindo de uma lógica totalizante e homogeneizante, que elege como conhecimento válido apenas o paradigma eurocêntrico, excluindo práticas sociais e saberes que não se encaixam ou submetem a esse sistema de pensamento. A esta lógica, cuja forma mais acabada de totalidade é a dicotomia, o autor chama de razão metonímica, que opera contra a proliferação de uma multiplicidade de saberes e totalidades diversas. "Há produção de não existência sempre que dada entidade é desqualificada e tornada invisível, ininteligível ou descartável de um modo irreversível. O que une as diferentes lógicas de produção de não existência é serem todas elas manifestações da mesma monocultura racional." (SANTOS, 2002: 12). Boaventura dos Santos elenca cinco lógicas de produção de não existência, que ele designa como monoculturas: do rigor do saber, do tempo linear, da classificação social, da escala dominante e da lógica produtivista. Comentarei as duas que dialogam mais fortemente com a discussão que fiz até agora.

O modo de produção de não existência mais poderoso para Boaventura dos Santos é a lógica do rigor do saber ou monocultura do saber, que estabelece a ciência moderna e a alta cultura como parâmetros únicos para se avaliar o que é verdadeiro e a qualidade estética de uma obra de arte. O resultado disso é o funcionamento de um cânone altamente excludente: "tudo o que o cânone não legitima ou reconhece é declarado inexistente. A não existência assume aqui a forma de ignorância e de incultura" (SANTOS, 2002: 12). Outra lógica que se combina a essa é a da classificação social, que organiza populações dentro de categorias e torna hierarquias consequências naturais (e não sociais) inquestionáveis: "De acordo com esta lógica, a não-existência é produzida sob a forma de inferioridade insuperável, porque natural. Quem é inferior, porque é insuperavelmente inferior, não pode ser uma alternativa credível a quem é superior" (SANTOS, 2002: 13) A classificação de gênero e, mais intensamente, a classificação racial, são as manifestações mais representativas desta lógica.

Refletindo sobre este conceito no contexto da sociedade brasileira, Sueli Carneiro lê o epistemicídio como produtor de indigência cultural, por limitar as possibilidades das pessoas negras se desenvolverem intelectualmente e serem reconhecidas como produtoras de conhecimento:

O epistemicídio é, para além da anulação e desqualificação do conhecimento dos povos subjugados, um processo persistente de produção da indigência cultural: pela negação ao acesso a educação, sobretudo de qualidade; pela produção da inferiorização intelectual; pelos diferentes mecanismos de deslegitimação do negro como portador e produtor de conhecimento e de rebaixamento da capacidade cognitiva pela carência material e/ou pelo comprometimento da auto-estima pelos processos de discriminação correntes no processo educativo. Isto porque não é possível desqualificar as formas de conhecimento dos povos dominados sem desqualificá-los também, individual e coletivamente, como sujeitos cognoscentes. E, ao fazê-lo, destitui-lhe a razão, a condição para alcançar o conhecimento "legítimo" ou legitimado. (CARNEIRO, 2005: 99)

Acredito que, após esta reflexão, é possível perceber melhor as engrenagens responsáveis pelo efeito de inexistência das mulheres negras no panorama da poesia contemporânea brasileira. Os modos de invisibilizar as mulheres negras (como cidadãs, como artistas, como intelectuais e como seres humanos) e a deslegitimação de sua autoria se revelam partes de uma mesma máquina normatizadora que mantém em funcionamento a lógica colonial, patriarcal e supremacista branca. A produção de ausências tem como resultado o epistemicídio, neologismo que remete ao genocídio de povos autóctones durante a expansão europeia e trata do apagamento de ideias que fogem ao padrão do norte global, o chamado pensamento ocidental.

Eliminaram-se povos estranhos porque tinham formas de conhecimento estranho e eliminaram-se formas de conhecimento estranho porque eram sustentadas por práticas sociais e povos estranhos. Mas o epistemicídio foi muito mais vasto que o genocídio porque ocorreu sempre que se pretendeu subalternizar, subordinar, marginalizar, ou ilegalizar práticas e grupos sociais que podiam constituir uma ameaça à expansão capitalista ou, durante boa parte do século, à expansão comunista (neste domínio tão moderna quanto a capitalista); e também porque ocorreu tanto no espaço periférico, extra-europeu e extra-norte-americano do sistema mundial, como no espaço central europeu e norte-americano, contra os trabalhadores, os índios, os negros, as mulheres e as minorias em geral (étnicas, religiosas, sexuais). (SANTOS, 2003: 328)

Para além da independência oficial dos povos colonizados, o epistemicídio continua a silenciar e colonizar sujeitos e saberes. A inferiorização de conhecimentos não hegemônicos e a desumanização de seus criadores são faces da mesma moeda de dominação que se anuncia como universalidade. A produção de não existências faz parte de um racismo/sexismo epistêmico (GROSSFOGUEL, 2016) cuja atuação é evidente no panorama visível da poesia contemporânea brasileira, e também na historiografia literária difundida em instituições de saber. Há um humanismo que desumaniza, "pois se é em nome da inteligência e da filosofia que se proclama a igualdade dos homens, também é em seu nome que muitas vezes se decide seu extermínio" (FANON, 2008: 43).

Neste contexto, se faz necessária uma crítica literária que circule por essas "zonas de não-ser", como nomeou Fanon, que encobertam as poetas negras contemporâneas e que sejam apreciadas obras produzidas por autoras que enunciam um eu que não estava previsto na configuração do sujeito moderno.

Eu, mulher negra periférica, enquanto pesquisadora, coloco-me nessa encruzilhada da existência das mulheres negras, buscando partir delas como referência para o pensamento e a criação. Conforme formula a intelectual negra Leda Maria Martins, "a cultura negra é uma cultura de encruzilhadas" (MARTINS, 1997: 26), de trânsito, passagem, intersecção de pluralidades... domínios de Èsù-Òna, entidade dos caminhos que se cruzam, interligam e comunicam, promovendo encontros. Exu é um princípio constitutivo da mitologia Iorubá, que se move na direção contrária ao pensamento dicotômico e epistemicida: princípio dinâmico presente em tudo que existe e responsável por desenvolver e expandir a existência de todos os indivíduos. Ainda de acordo com Leda Martins,

> O termo *encruzilhada* utilizado como operador conceitual, oferece-nos a possibilidade de interpretação do trânsito sistêmico e epistêmico que emergem dos processos inter e transculturais, nos quais se confrontam e dialogam, nem sempre amistosamente, registros, concepções e sistemas simbólicos diferenciados e diversos. (MARTINS, 1997: 28)

Exu não pode ser isolado em nenhuma categoria: é síntese do masculino e do feminino; é presente, passado e futuro em simultâneo. Exu é mensageiro, boca coletiva (Enúgbarijo) dos orixás e dos seres humanos, lido por Juana Elbein dos Santos como "o intérprete e o linguista do sistema" espiritual iorubá.

Carla Akotirene, professora da UFBA, funde a encruzilhada ao conceito de interseccionalidade, nomeando Exu como senhor da intersecção: "Segundo profecia yorubá, a diáspora negra deve buscar caminhos discursivos em atenção aos acordos estabelecidos pelos antepassados. Aqui, ao consultar quem me é devido, Exu, divindade africana da comunicação, senhor da encruzilhada e, portanto, da interseccionalidade" (AKOTIRENE, 2018: 15).

Que os caminhos de encontro, escuta e visibilização das poetas contemporâneas negras estejam abertos.

1.3. Existir/Resistir ao epistemicídio

O epistemicídio, que inferioriza saberes não ocidentais, atua em diversos setores da sociedade, mais especialmente nas instituições de saber-poder, que produzem a não existência de formas diversas de pensamento. Os mecanismos de legitimação da literatura estão também integrados a essa inferiorização de ideias, experiências e práticas sociais de povos herdeiros de tradições não europeias, o que é indicativo da permanência de práticas coloniais em nossa sociedade e em sua literatura. Ramón Grossfoguel, em ensaio sobre a estrutura do conhecimento nas universidades ocidentalizadas, analisa que a outra face da inferiorização epistêmica é o privilégio epistêmico, que favorece predominantemente o conhecimento produzido por homens brancos advindos de cinco nações (Itália, França, Inglaterra, Alemanha e EUA), que detém o monopólio do conhecimento válido e verdadeiro. Esse sistema desigual, baseado no privilégio, foi possibilitado pelo modo como o pensamento moderno se estruturou, baseado na filosofia cartesiana, cuja formulação funda o "eu" moderno, que rivaliza com o conhecimento produzido pelo cristianismo. Não só ele. No aforismo "Penso, logo existo", o "eu" da enunciação, que se arroga produzir conhecimento universal e atemporal, independente da variação de contextos históricos e sociais, não pode ser o indivíduo qualquer, e aí está uma questão decisiva.

Não é qualquer pensamento que será considerado verdadeiro como também não é qualquer pessoa que será reconhecida como "eu", ou seja, como sujeito pensante e pleno de humanidade. Para garantir a exclusividade de enunciação do pensamento universal, os europeus colocaram em prática o racismo/sexismo epistêmico, que instituiu "a inferioridade de todos os conhecimentos vindos dos seres humanos classificados como não ocidentais, não masculinos ou não heterossexuais"(GROSSFOGUEL, 2016: 31).

Assim, o conhecimento universal é produzido exclusivamente pelo homem branco heterossexual ocidental/ocidentalizado, que detém o monopólio da enunciação. Aqueles que não se enquadram neste perfil são considerados pelo eu-masculino-branco-heterossexual-ocidental como o avesso do aforismo, lidos como os que não pensam, logo não existem. Essa filosofia está diretamente articulada a um projeto de conquista colonial e genocídio de povos nativos, lidos como não humanos. No que diz respeito ao epistemicídio infligido aos africanos sequestrados e escravizados, Grossfoguel resgata os fatos históricos:

> Nas Américas, os africanos eram proibidos de pensar, rezar ou de praticar suas cosmologias, conhecimentos e visão de mundo. Estavam submetidos a um regime de racismo epistêmico que proibia a produção autônoma de conhecimento. A inferioridade epistêmica foi um argumento crucial, utilizado para proclamar uma inferioridade social biológica, abaixo da linha da humanidade. (GROSSFOGUEL, 2016: 40)

Apesar da proibição, os descendentes de africanos na diáspora conseguiram manter e ressignificar tradições, produzir conhecimento sob a ótica afrocentrada, acessar as instituições do saber letrado e reivindicar suas humanidades, muitas vezes de forma clandestina. Ângela Davis recupera historicamente esse desejo do povo negro em ser educado trazendo, dentre outras, a história de Frederick Douglass que, mesmo escravizado, aprendeu a ler e a escrever escondido de seu algoz, tornando-se um abolicionista importante, além de escritor. "Mas seu anseio por conhecimento não era, de forma alguma, incomum entre a população negra, que sempre manifestou uma ânsia profunda pelo saber" (DAVIS, 2016: 108). No Brasil há vários exemplos dessa busca pelo saber letrado como forma de resistência à desumanização e apagamento de tradições diaspóricas, como a história de Esperança García, escravizada que aprendeu a ler ilegalmente no século XVII e enviou uma carta ao presidente da Província de São José do Piauí denunciando os maus tratos sofridos pelos negros; ou a de Luiz Gama, filho da revolucionária Luisa Mahin, que foi vendido como escravo pelo seu próprio pai, conseguindo, no entanto, conquistar a liberdade e a instrução, tornando-se advogado abolicionista, jornalista e poeta no século XIX; ou ainda a de Maria Firmina dos Reis, escritora e professora maranhense, mulher negra liberta que, no século XIX, escreveu o primeiro romance abolicionista e abriu uma escola gratuita para meninas e meninos. No século XX, é emblemática a trajetória de Carolina Maria de Jesus, escritora negra que construiu uma obra de projeção internacional apesar das condições de vida precárias. Neste contexto de resistência ao epistemicídio, as mulheres negras tiveram um papel importante de preservação/reinvenção da memória e da episteme africana. Segundo Miriam Alves, a respeito do contexto brasileiro:

> [Raquel Andrade] Barreto, em 'Enegrecendo o feminismo ou feminizando a raça', refere-se à importância do papel da mulher negra, embora destituída de poder tanto para a sociedade

patriarcal como para a capitalista, dentro das comunidades nas quais era fundamental na luta de resistência cotidiana, na liderança de quilombos, como cooperadora e organizadora de revoltas, como também no exercício de liderança nas religiões de matrizes africanas, como o Candomblé, exercendo a função de Mães de Santo com uma grande capacidade de comando, além do papel que sempre exerceu enquanto anônima, esteio da família na luta pela sobrevivência (2005: 44). Afora isso, ressalta-se que, nos movimentos negros desde a década de 1930 foi marcante a presença da mulher negra enquanto militante, como na Frente Negra Brasileira, e na rearticulação do movimento nas décadas de 1960 e 1970, o que culminou com o surgimento do MNU [Movimento Negro Unificado], como importantes organizadoras de atividades de base. (ALVES, 2010: 64)

Surge na passagem de Miriam Alves o papel das mulheres na liderança de quilombos que, no período do Brasil Colonial, nomeou a "formação de grandes Estados, (...) sistemas sociais alternativos ou, no dizer de Ciro Flamarion Cardoso, brechas no sistema escravista" (NASCIMENTO, 2018: 282). O quilombo enquanto sistema de governo de bases africanas vai ser reinterpretado após a abolição da escravatura como símbolo da resistência cultural dos Movimentos Negros no Brasil (os citados Frente Negra brasileira e MNU, dentre outros) contra o epistemicídio e o racismo. Nessa resistência ideológica e simbólica do quilombo, o papel da poetas negras é fundamental até os dias de hoje.

Entendida a importância do sujeito mulher negra para a sobrevivência do povo negro no Brasil, a sua invisibilização se revela uma estratégia de dominação empreendida pelo racismo/sexismo epistêmico, estratégia essa que contraditoriamente atua no

Movimento Feminista. Digo contraditoriamente, pois, a princípio, o movimento feminista lutaria pelo direito das mulheres ao contestar a lógica patriarcal, no entanto, a adoção de uma suposta neutralidade em relação às questões raciais favoreceu a exclusividade da raça branca na construção do signo "mulher". Ângela Davis, no contexto estadunidense, denuncia o racismo e o elitismo das sufragistas que, apesar de inicialmente terem se organizado em torno do abolicionismo, estavam afinadas com um pensamento eugênico e elitista. Ela cita passagens do "History of Woman Suffrage", em que Ida Harper recorre ao discurso de Susan Anthony, fundadora do movimento sufragista, durante a convenção da Nawsa em 1901:

> Ainda que as mulheres, ela sustentava, tivessem sido corrompidas no passado por 'paixões e apetites do homem', era a hora para que elas realizassem seu propósito de se tornar salvadoras 'da raça'. Seria por meio da 'emancipação racial [das mulheres] que [a raça] será purificada. [...] É pela mulher [que] a raça será redimida. Por esse motivo, peço sua imediata e incondicional emancipação de toda a sujeição política, econômica e religiosa. (apud DAVIS, 2016: 128)

Em meio à aprovação de leis segregacionistas, lei do linchamento e a supressão do direito de voto da população negra do Sul dos EUA, no fim do século XIX, a aprovação do voto para mulheres brancas passou a ser vista por democratas e feministas como mais uma medida para "combater o iminente poder político da população negra" (DAVIS, 2016: 120) e garantir o privilégio branco. Assim, fica claro que não discutir raça quando se fala de gênero significa manter o monopólio da enunciação branca, até mesmo porque "as mulheres negras dificilmente eram 'mulheres' no sentido corrente do termo" (DAVIS, 2016, p. 20). Por isso que

Sueli Carneiro afirma que, no contexto brasileiro, "a construção da cidadania para as mulheres não-brancas envolve questões que extrapolam as contradições e formas de discriminação que são produtos das relações assimétricas existentes na sociedade entre o homem e a mulher" (CARNEIRO, 2018: 172). Para as mulheres negras existirem ou serem representadas pelo signo "mulher", é necessário que elas se apropriem desse lugar de enunciação e empreendam uma reconfiguração simbólica deste conceito.

1.4. Tornar-se negra

Quando Simone De Beauvoir formulou, em 1949, que "não se nasce mulher, torna-se", analisou o signo mulher como uma construção discursiva, produzida pela filosofia, pela teologia, pela biologia, pela psicologia e, dentre outras áreas do saber ocidental, pela literatura. Como, ao longo dos séculos, o conhecimento e o saber ocidentais foram majoritariamente produzidos por homens brancos, à mulher não foi legado o papel de sujeito no discurso, mas sim o de objeto, a respeito de quem se fala, revelando-se como o negativo do masculino, um produto do imaginário falocêntrico, segundo Beauvoir, a mítica imagem do outro.

A filósofa francesa vai associar a mulher ao objeto. Ela formula que a mulher é o outro na sociedade patriarcal, uma projeção masculina: "Tesouro, presa... musa, guia... espelho, a mulher é o Outro em que o sujeito se supera sem ser limitado, que a ele se opõe sem o negar... desse modo, ela é tão necessária à alegria do homem e ao seu triunfo, que se pode dizer que, se ela não existisse, os homens a teriam inventado. Eles inventaram-na." (BEAUVOIR, 2016: 253-254). Sabemos que Beauvoir fala da mulher branca burguesa quando fala de "mulher" como uma projeção do homem branco, seus desejos e incertezas; no entanto, sua argumentação se desenvolve no sentido de abarcar todas as mulheres existentes em uma categoria universal, atemporal e independente de contexto sócio-histórico, reafirmando o *modus operandi* genocida/epistemicida.

Paradoxalmente, o recorte identitário "mulher", empregado por Beauvoir para dar lugar à diversidade do humano, revela-se excludente:

> O 'eterno feminino' é homólogo da 'alma negra' (...) há profundas analogias entre a situação das mulheres e a dos negros: umas e outros emancipam-se hoje de um mesmo paternalismo, e a casta anteriormente dominadora quer mantê-los 'em seu lugar', isto é, no lugar que escolher para eles; em ambos os casos, ela se expande e, elogios mais ou menos sinceros às virtudes o 'bom negro', de alma inconsciente, infantil e alegre, do negro resignado, da mulher 'realmente mulher', isto é, frívola, pueril, irresponsável, submetida ao homem. Em ambos os casos, tira seus argumentos do estado de fato que ela criou. (BEAUVOIR, 2016: 20)

O termo "mulheres" aqui refere as mulheres brancas e "negros", os homens negros. As mulheres negras não existem na análise de Beauvoir, demostrando que a feminista francesa não subverte o patriarcado tão radicalmente assim, posto que mantém em atividade o racismo/sexismo epistêmico invisibilizando mulheres negras e desconsiderando os privilégios que a branquitude garante a si mesma e às mulheres brancas. A omissão da branquitude é o que torna possível à filósofa estabelecer qualquer semelhança entre a opressão sofrida por um homem negro e a opressão sofrida por uma mulher branca. O paternalismo incide de modo diferente em um indivíduo marcado pela negritude e em uma mulher marcada pela branquitude. Sem reconhecer os privilégios que a branquitude garante, não é possível às feministas engajarem-se efetivamente na luta antirracista. Grada Kilomba lembra que a tentativa de equiparar sexismo e racismo é sintomática no feminismo branco e a esse respeito comenta:

> Na tentativa de comparar o sexismo e o racismo, as feministas brancas esquecem de conceituar dois pontos cruciais. Primeiro, que elas são *brancas* e, portanto, têm privilégios *brancos*. Esse fator torna impossível a comparação de suas experiências às experiências de pessoas negras. E, segundo, que as mulheres *negras* também são mulheres e, portanto, também experienciam o sexismo. (KILOMBA, 2019: 100)

Kilomba pontua também que os homens negros não lucram com o patriarcado, valendo-se muito pouco do privilégio de serem homens em sociedades em que o racismo limita drasticamente a vida de indivíduos etnicamente marcados. Por isso, o modelo que opõe homens a mulheres é rechaçado por feministas negras e mulheristas.

Acredito que tenha ficado claro que o signo "mulher" é um dos sintomas de uma "norma excludente de solidariedade"[7], como formula a filósofa Judith Butler no anos 1990. A história mostra que o não cruzamento entre as categorias de gênero e

---

[7] "A 'unidade' é necessária para a ação política efetiva? Não será, precisamente, a insistência prematura no objetivo da unidade a causa da fragmentação cada vez maior e mais acirrada das fileiras? Certas formas aceitas de fragmentação podem facilitar a ação, e isso exatamente porque a 'unidade' da categoria das mulheres não é nem pressuposta nem desejada. Não implica a 'unidade' uma norma excludente de solidariedade no âmbito da identidade, excluindo a possibilidade de um conjunto de ações que rompam as próprias fronteiras dos conceitos de identidade, ou que busquem precisamente efetuar essa ruptura como um objetivo político explícito? Sem a pressuposição ou o objetivo da 'unidade', sempre instituído no nível conceitual, unidades provisórias podem emergir no contexto de ações concretas que tenham outras propostas que não a articulação da identidade. Sem a expectativa compulsória de que as ações feministas devam instituir-se a partir de um acordo estável e unitário sobre identidade, essas ações bem poderão desencadear-se mais rapidamente e parecer mais adequadas ao grande número de 'mulheres' para as quais o significado da categoria está em permanente debate". (BUTLER, 2016: 43-44)

raça contribui para a preservação de atitudes racistas. A filósofa brasileira Djamila Ribeiro fala da "tentação de uma universalidade que exclui", que tem por consequência a produção de uma falsa solidariedade entre mulheres, já que ao ignorar diferentes formas de opressão decorrentes de raça e de classe, a categoria "mulher" mantém invisíveis experiências de mulheres não brancas da classe trabalhadora. Mesmo no plural, "mulheres" não dá conta de denunciar as desigualdades criadas pelos diferentes tipos de opressão, mantendo intactas determinadas estruturas do poder patriarcal: "Ao persistirem na ideia de que são universais e falam por todos, insistem em falar pelos outros, quando, na verdade, estão falando de si ao se julgarem universais." (RIBEIRO, 2017: 31).

Há uma breve passagem do primeiro volume de *O segundo sexo* em que é mencionado "o ideal hotentote da Vênus esteatopigia", em que se fala da hipertrofia das nádegas de mulheres entre os hotentotes e os boximanes na África. No trecho em que o cruzamento entre gênero feminino e raça negra ocasionalmente ocorre, a mulher negra é exemplo do desejo masculino pela carne sem subjetividade. A mulher negra surge mutilada, como parte erógena do corpo, cercada de ares primitivos, uma imagem em acordo com os estereótipos correntes, produzidos pelo imaginário branco europeu, que reduzem a sua humanidade.

É preciso buscar outros referenciais epistêmicos para que a mulher negra possa existir e falar. Nesse momento é importante não esquecer da máxima de Angela Davis: "numa sociedade racista, não basta não ser racista. É necessário ser antirracista". Nem mulher branca, nem homem negro; nem "eu", nem "o outro": à mulher negra é legado o silêncio de um não-lugar na linguagem, o que concorre para a sua não existência. Repito a mesma pergunta feita em 1851 pela abolicionista afro-americana Sojourner Truth: e não sou eu uma mulher?

Se a mulher branca e burguesa é o outro na sociedade patriarcal europeia, o lugar da mulher negra é, pelo menos, duplamente marcado, o lugar de uma dupla falta; por ser mulher e também por ser negra, é antítese tanto da branquitude quanto da masculinidade, colocada no cruzamento de dois lugares de exclusão... isso sem considerar outros marcadores, como de classe, orientação sexual, idade etc. "Em vez de tática exclusiva das economias significantes masculinistas, a apropriação e a supressão dialéticas do Outro são uma tática entre muitas, centralmente empregada, é fato, mas não exclusivamente a serviço da expansão e da racionalização do domínio masculinista", afirma Butler, atenta ao gesto colonizador que produz "mapa[s] de interseções diferenciais que não podem ser sumariamente hierarquizadas, nem nos termos do falocentrismo, nem nos de qualquer candidato à posição de 'condição primária de opressão'" (BUTLER, 2016: 38).

Grada Kilomba formula um lugar para a mulher negra dentro da lógica do eu e do outro. Para ela, as mulheres negras vivenciam uma "outridade dupla", por ocupar um lugar de alteridade duplicada na qual raça e gênero se cruzam. Para ela, num universo em que há homens brancos e negros, mulheres brancas e negras, apenas a mulher negra experimenta um lugar de permanente alteridade, de ser sempre o outro e nunca si mesma, diferente da mulher branca que, por vezes, pode ser encarada pelo homem branco como sujeito por ser branca, e do homem negro, que, por vezes, também pode ocupar o lugar de sujeito por ser homem:

> Como Lola Young escreve, uma mulher negra inevitavelmente 'serve como a outra de *outras/os*' sem status suficiente para

ter um outro de si mesma' (1996: 100). As mulheres brancas têm um status oscilante, como o eu e como a *'Outra'* dos homens *brancos* porque elas são brancas, mas não homens. Os homens *negros* servem como oponentes para os homens brancos, bem como competidores em potencial por mulheres brancas, porque são homens, mas não *brancos*. As mulheres *negras*, no entanto, não são *brancas* nem homens e servem, assim, como a *'Outra'* da alteridade. (KILOMBA, 2019: 190-191)

Enquanto a mulher branca preserva privilégios de raça e classe, a mulher negra é empurrada para a base da pirâmide da alteridade, o que no Brasil se revela em diversas relações hierárquicas, desde a que organiza as desigualdades nas condições de trabalho e remuneração[8] até as desigualdades no reconhecimento da autoria nos meios literários. Ao reconhecer o status oscilante que a mulher branca e o homem negro podem se valer, Kilomba dá notícias do lugar lacunar a que as mulheres negras estão sujeitas, que as torna não só invisíveis, mas, por vezes, inexistentes.

1.5. Estética afro-diaspórica

É interessante pensar na potencialidade da proposta de Kilomba, que revela nuances na objetificação das mulheres devido a interseção de categorias identitárias, criando uma virtualidade de outras interseções que se desdobram numa vertigem de alteridades invisibilizadas: mulheres negras burguesas, mulheres negras

---

[8] "Segundo pesquisa desenvolvida pelo Ministério do Trabalho e Previdência Social em parceria com o Instituto de Pesquisa Econômica Aplicada (IPEA), de 2016, 39,6% das mulheres negras estão inseridas em relações precárias de trabalho, seguidas pelos homens negros (31,6%), mulheres brancas (26,9%) e homens brancos (20,6%). Ainda segundo a pesquisa, mulheres negras eram o maior contingente de pessoas desempregadas e no trabalho doméstico"(RIBEIRO, 2017: 40).

faveladas, mulheres negras heterossexuais, mulheres negras lésbicas, mulheres negras transsexuais, mulheres negras com deficiência, mulheres negras idosas etc etc etc Essa virtualidade encaminha uma saída do sistema de pensamento dicotômico, esgarçando as categorias de "eu" e "outro", o que, aliás, se afina à proposta de Boaventura dos Santos para transformar ausências em presenças, a sua sociologia das ausências, que surge "centrando-se nos fragmentos de experiência social não socializados pela totalidade metonímica", rompendo com as dicotomias epistemicidas: "O que é que existe no Sul que escapa à dicotomia Norte/Sul? O que é que existe na medicina tradicional que escapa à medicina moderna/medicina tradicional? O que é que existe na mulher que é independente de sua relação com o homem? É possível ver o que é subalterno sem olhar a relação de subalternidade?" (SANTOS, 2002: 12).

Essa possibilidade é interessante, pois encontra com a leitura que Lewis R. Gordon faz da teoria de Fanon no prefácio ao *Pele negra, máscaras brancas*, colocando que, na verdade, o sujeito negro não está inserido na dinâmica do eu e do outro. É importante considerar que, nesta obra, Fanon quase sempre refere-se ao homem negro, tratando muito pontualmente da condição feminina sob o julgo do racismo:

> Na maioria das discussões sobre racismo e colonialismo, há uma crítica da alteridade, da possibilidade de tornar-se o Outro. Fanon, entretanto, argumenta que o racismo força um grupo de pessoas a sair da relação dialética entre o Eu e o Outro, uma relação que é a base da vida ética. A consequência é que quase tudo é permitido contra tais pessoas (...) A luta contra o racismo anti-negro não é, portanto, contra ser o Outro. É uma luta para entrar na dialética do Eu e do Outro. (apud FANON, 2008:16)

Parece que o trânsito e deslizamento fora da dicotomia são melhores estratégias no combate ao epistemicídio.

Nesse sentido, o discurso da identidade tem sua importância, mas ele não pode ignorar as intersecções e complexidades que atravessam os sujeitos de grupos oprimidos que buscam ressignificar categorias a fim de reivindicar suas humanidades. As categorias identitárias enquanto instâncias estáveis não foram inventadas pelos grupos dominados, muito pelo contrário, elas são modos de cerceamento criados pelos colonizadores europeus. Antes da colonização, os negros não eram negros, como também os índios não eram índios. Conforme coloca o teórico cultural Stuart Hall, recorrendo ao pensamento de Foucault: "As identidades, portanto, são construídas no interior das relações de poder (Foucault, 1986). Toda identidade é fundada sobre uma exclusão e, nesse sentido, é 'um efeito de poder'". (HALL, 2018: 95).

Como forma de combater a dominação que acompanha as categorias identitárias congeladas e estereotipadas surge a política da identidade. Assim analisa bell hooks: "A política da identidade nasce da luta de grupos oprimidos ou explorados para assumir uma posição a partir da qual possam criticar as estruturas dominantes, uma posição que dê objetivo e significado à luta." (HOOKS, 2017: 120). A política da identidade é uma estratégia de disputa do significado das categorias identitárias e também um modo de legitimar diferentes lugares de enunciação.

Por isso é importante que as mulheres negras em sua diversidade assumam seus lugares de fala para que possam existir enquanto tais, afirmando sua diferença em relação a categorias e padrões universais. Assumir a identidade de mulher negra se torna, assim, uma afirmação de epistemologias (leia-se práticas sociais, saberes e visões de mundo com valor de verdade) não dominantes e uma forma de resistir ao embranquecimento a que pessoas negras se submetem para serem aceitas socialmente. Embranquecimento da aparência, embranquecimento do comportamento e prática social, embranquecimento das ideias. Máscaras brancas que escondem rostos negros. Segundo a psicanalista Neusa Santos, "saber-se negra é viver a experiência de ter sido massacrada em sua identidade, confundida em suas perspectivas, submetida a exigências, compelida a expectativas alienadas" (SANTOS, 1983: 18). Daí a importância de não só saber-se negra, mas de tornar-se negra, algo que está para além dos traços fenotípicos:

> Ser negro é, além disso, tomar consciência do processo ideológico que, através de um discurso mítico acerca de si, engendra uma estrutura de desconhecimento que o aprisiona numa imagem alienada, na qual se reconhece. Ser negro é tomar posse desta consciência e criar uma nova consciência que reassegure o respeito às diferenças e que reafirme uma dignidade alheia a qualquer nível de exploração. Assim, ser negro não é uma condição dada, a priori. É um vir a ser. Ser negro é tornar-se negro. (SANTOS, 1983: 77)

Tornar-se negra/o significa assumir uma postura ativa em sua própria história, ressignificando o ser negra/o a partir de outros paradigmas que revelem sua humanidade e potencialidades. É o contrário de alienar-se ou identificar-se com o padrão branco-hegemônico, pois implica uma reconexão com falas silenciadas, existências apagadas e pontos de vista negligenciados. Como não poderia deixar de ser, o "tornar-se negra/o" de Neusa Santos é bastante distinto do "tornar-se mulher", de Beauvoir, já que a formulação de Santos trata de uma conquista a ser feita por mulheres e homens negros, uma reconstrução e ressignificação da identidade dada, socialmente prevista e codificada. Tornar-se negra/o exige uma saída da codificação que desumaniza pessoas negras e também um deslocamento epistemológico que possibilita "criar uma nova consciência". Esta nova consciência é constitutiva de quilombos ideológicos, simbólicos, que se estabelecem na conexão com a herança afro-diaspórica.

O tornar-se negra/o na literatura brasileira foi nomeado literatura negra-brasileira ou afro-brasileira. No fim dos anos 1970, quando o Estado brasileiro encaminhava a abertura lenta e gradual do regime militar, um grupo de jovens militantes do Movimento Negro começou a editar uma antologia de textos literários inéditos voltados para a afirmação da negritude, valorização da autoestima do sujeito negro e contestação do racismo. São os Cadernos Negros. Antes deles, obviamente, houve escritoras e escritores negros que problematizaram o racismo e trouxeram para a literatura sua condição afro-diaspórica, contudo a criação do conceito por um grupo de autoras/es negras/os é bastante significativa para a consolidação de um conhecimento dissidente, que produz uma contranarrativa da literatura brasileira, sob um viés etnicamente e politicamente consciente. O conceito, que foi sendo construído ao longo das publicações dos Cadernos Negros, é uma reação ao epistemicídio, que restringe a diversidade da literatura brasileira. Situo as poéticas de Conceição Evaristo, Lívia Natália e Tatiana Nascimento nesta vertente da literatura brasileira.

Acredito que a atuação e a história do grupo Quilombhoje, que edita os Cadernos Negros, dialoga fortemente com a produção destas poetas contemporâneas. Não só por ter sido um grupo de militância e primeiro canal de publicação, como no caso de

Conceição Evaristo; ou pelo trabalho de "guerrilha editorial", que reverbera na Padê, editora artesanal de Tatiana Nascimento fundada com a poeta Bárbara Esmênia; ou pelas temáticas ligadas à mitologia iorubá, ao candomblé e à crítica social, tão presentes em Lívia Natália, como também nas outras duas poetas. Esse diálogo ocorre especialmente pela intenção ética e estética de definir o ser e estar no mundo a partir de uma perspectiva afro-diaspórica, que busca conectar-se à herança africana (trazida para o Brasil pelos ancestrais das nações bantu, jeje, nagô, dentre outras etnias sequestradas pelo colonialismo português) para reinventá-la e revivê-la hoje.

A diáspora fala da saída de um lugar de origem e do trânsito forçado para outro lugar que, justamente por ser forçado, guarda a intenção de retorno à terra natal. Esse retorno, no entanto, é impossível, pois a terra natal se transformou e modificou com o passar do tempo, assim como o sujeito diaspórico também mudou no contato com outras culturas. Assim, o retorno à África que o prefixo "afro-" suscita nos termos "afro-diaspórico" e "afro-brasileiro" assume um sentido simbólico, metáfora "para aquela dimensão de nossa sociedade e história que foi maciçamente suprimida, sistematicamente desonrada e incessantemente negada" (HALL, 2018: 46) e que não se deixa capturar pela dicotomia lá e aqui, origem e desterro. O que o conceito de literatura negra-brasileira e as poéticas de Conceição Evaristo, Lívia Natália e Tatiana Nascimento dos Santos fazem é subverter o cânone da literatura brasileira para criar e experimentar diversamente a estética afro-diaspórica que, segundo Kobena Mercer, "se apropria criticamente de elementos dos códigos mestres das culturas dominantes e os 'crioliza', desarticulando certos signos e rearticulando de outra forma seu significado simbólico" (apud HALL, 2018: 37).

Entendendo a importância do termo literatura negra-brasileira para valorização da literatura produzida por autoras e autores negros, no próximo capítulo faço uma revisão bibliográfica do conceito, flagrando elementos da estética afro-diaspórica e também tratando da poesia negra-feminina, que dá especificidade à produção de poetas negras. Aproveito e trago os posicionamentos teóricos das poetas que, além de desenvolverem a escrita no âmbito artístico, também se dedicam à escrita acadêmica, em diálogo com a universidade. Acredito que a maior circulação deste conceito contribui para a ampliação da recepção crítica da literatura produzida por autoras e autores negros, tirando-as/os cada vez mais da invisibilidade.

Encerro com as palavras de Stuart Hall sobre a perspectiva diaspórica e a relação dos sujeitos diaspóricos com o passado: "o que esse 'desvio através de seus passados' faz é nos capacitar, através da cultura, a nos produzir a nós mesmos de novo, como novos tipos de sujeitos. Portanto, não é uma questão do que as tradições fazem de nós, mas daquilo que nós fazemos das nossas tradições" (2018: 49).

2. Literatura negra-brasileira e o enfrentamento ao epistemicídio

2.1. Tradição fraturada

Diante da reduzida participação de autores negros no cânone literário brasileiro, o que se torna mais dramático quando o interesse se volta para a produção de poetas negras, o conceito Literatura Negra-brasileira surge como um dispositivo de intervenção no cenário da Literatura Brasileira, a fim de valorizar e visibilizar a produção de artistas não-brancos. Tomando como exemplo de cânone o livro "Presença da Literatura Brasileira", de Antônio Candido e José Aderaldo Castello, fica evidente a disparidade entre presenças e ausências na construção desta memória da literatura nacional. Nos 3 volumes que compõem a obra, são tomados como objetos de análise a produção de apenas 6 autores negros ou mestiços: Silva Alvarenga, Gonçalves Dias, Machado de Assis, Cruz e Souza, Lima Barreto, Jorge de Lima. Não há presença de autoras negras neste desenho de Literatura Brasileira, predominantemente masculino e branco, perpetrado de muitas ausências. Uma das consequências desse tipo de seleção, norteadora de outras obras de referência dedicadas à historiografia literária nacional, é a construção de um imaginário embranquecido, no qual a produção literária de autores e autoras que assumam a sua negritude não tem lugar.[9] Para "escovar a história a contrapelo", ou seja, trazer à tona a tradição dos silenciados e excluídos a fim de contestar a história hegemônica, conforme propunha Walter Benjamin nas suas "Teses Sobre o Conceito de História", surge o conceito de literatura negra-brasileira.

Quem mergulha na produção bibliográfica produzida dentro deste campo de estudos encontra uma diversidade de termos para nomear esta vertente da literatura brasileira: literatura negra, negro-brasileira, afro-brasileira, afrodescendente. Esta diversidade testemunha o dinamismo de um conceito em aberto, em construção, que visa criar uma contranarrativa de valorização de obras não reconhecidas pelo cânone brasileiro, marcadas pelos lugares de fala dos sujeitos negros. Se trata de criar um recorte dentro da literatura brasileira que produza descentramento e pluralização de discursos. Ou como afirmavam os poetas dos Cadernos Negros no prefácio do seu primeiro número, "se trata da legítima defesa dos valores do povo negro" (apud FIGUEIREDO e FONSECA, 2012: 222). Escolho adotar preferencialmente a nomenclatura "literatura negra-brasileira" ("negra" concordando com "literatura", ambas palavras no feminino), por entender que ela reverencia e preserva a memória da militância dos anos 70, que abriu muitos caminhos e criou uma disputa simbólica pelo significado da palavra "negro", colonialmente associada a sentidos pejorativos, porém ressignificada pelos movimentos sociais e culturais organizados

---

[9] Dos autores negros e mestiços citados, apenas Lima Barreto, Cruz e Souza e Machado de Assis discutiram o lugar social do negro, desconstruindo estereótipos. Machado de Assis não assumiu-se como escritor mestiço e sua importância para a literatura negro-brasileira não é um consenso entre os críticos. Eu, no entanto, endosso a análise de Eduardo de Assis Duarte, que o inclui nesta categoria: "Menino pobre, nascido no Morro do Livramento, filho de pintor de paredes e de uma lavadeira, ainda jovem ganha destaque no mundo das Letras (...) em nenhuma página de sua vasta obra encontramos qualquer referência a favor da escravidão ou da pretensa inferioridade de negros ou mestiços. Muito pelo contrário. E, mesmo descartando a retórica panfletária, a ironia, o sarcasmo e a verve carnavalizadora com que trata a classe senhorial dão bem a medida de sua visão de mundo. O lugar de onde fala é o dos subalternos e este é um fator decisivo para incluir ao menos parte de sua obra no âmbito da afro-brasilidade" (Duarte, 2009: 82).

pela negritude. Além disso, o uso do significante "negra" no lugar de "afro" marca um lugar político que se blinda contra argumentos pró-democracia racial, que invisibilizam autores e autoras de pele escura e traços negroides em favor de uma afrodescendência comum que tornaria todos os escritores e escritoras brasileiros/as iguais. A rigor, todos os seres humanos de todos os continentes são afrodescendentes, já que a África é o berço de todas as civilizações. Portanto, o termo "literatura afro-brasileira" me parece por demais nebuloso e abrangente. Por fim, é bonito pensar em uma literatura que performa o processo de torna-se negra, de estar em um vir a ser permanente, conforme formula Neusa Santos.

Apesar dos diferentes argumentos para se adotar uma nomenclatura em detrimento da outra, fica clara a intenção comum de visibilizar um *corpus* de autoria negra dentro do *corpus* da literatura brasileira, sendo privilegiada uma produção estética contra-hegemônica, marcada pela diferença.

Muitos dos que se dedicaram à construção deste conceito destacam que, para a obra ser caracterizada como negra-brasileira, não basta ao autor ou à autora possuir alta concentração de melanina em suas peles, e sim que também tragam em sua escrita uma consciência política deste lugar étnico, histórico e social. De acordo com Ironides Rodrigues, escritor e colaborador do Teatro Experimental do Negro, "literatura negra é aquela desenvolvida por autor negro ou mulato que escreva sobre sua raça dentro do significado do que é ser negro, da cor negra, de forma assumida" (apud IANNI, 1988: 92). No prefácio à *Antologia de poesia Afro-Brasileira*, de Zilá Bernd, o poeta e crítico negro Domício Proença Filho define a literatura negra-brasileira como aquela "feita por negros e, como tal, reveladora de visões de mundo, de ideologias e de modos de realização que, por forças de condições atávicas, sociais e históricas, se caracterizam por uma certa especificidade, ligada a um intuito claro de singularidade cultural" (apud BERND, 2011: 11).

Lívia Maria Natália de Souza Santos, poeta negra e professora adjunta da UFBA, no ensaio "Poéticas da diferença: a representação de si na lírica afro-feminina", critica "os pudores que atravessam a exploração dos objetos estéticos, principalmente os literários, que formulem ilações entre labor artístico e um discurso eticamente posicionado", devido estes pudores manterem os Estudos Literários centrados em um cânone pretensamente neutro e unívoco:

> Esta forma de produção de conhecimento no campo dos Estudos Literários, com destaque para a Teoria da Literatura, finda por formular a sensação desta disciplina como sendo uma grande mãe que a todos abarca, negando a possibilidade de pensar a literatura através do recorte da diferença, obliterando os vários sobrenomes que ela pode ter como forma de potencializar o campo e desenvolver outros critérios e percursos de estudos. A ilusão de abarcar a totalidade que atravessou todas as ciências, instaurou um corte profundo na Teoria Literária através da deliberada crença, ainda Moderna, de que ou haveria alta literatura ou literatura nenhuma. Neste ínterim, a formação dos critérios de seleção e atribuição de valor literário concentrou-se na valoração estética como se este fosse um padrão isento de juízo de valor. (NATÁLIA, 2018)

Os sobrenomes a que a autora se refere sinalizam os diferentes lugares de fala a que a literatura pode estar associada – LGBTQI+, feminina, negra, periférica, oral etc –, que, ao afirmarem-se, negam a ficção de uma identidade totalizante. Estes adjetivos evidenciam o caráter político e comunitário de toda literatura, denunciando que aquela que se quer neutra e não-marcada opera, intencionalmente ou não, o silenciamento de grupos minoritários. É nesse sentido que Lívia Natália, no mesmo ensaio, problematiza a clássica definição de Roland Barthes da literatura como uma trapaça ao funcionamento ideológico das línguas, da literatura como "essa esquiva, esse logro magnífico que permite ouvir a língua fora do poder, no esplendor de uma revolução permanente da linguagem" (BARTHES, 2007: 16). Pensar a literatura como lugar de exceção, descolada das relações de poder, em uma espécie de funcionamento anárquico em revolução constante, é um imaginário que nos endereça a um lugar ideológico a partir do qual fala um homem branco europeu. A busca por um lugar de neutralidade intelectual no campo dos estudos literários, que se esquiva da discussão a respeito dos posicionamentos ideológicos dentro da literatura, tem mantido a produção intelectual e artística de poetas negras brasileiras, meu objeto de estudo, em um não lugar, de não reconhecimento e desvalorização.

Assim, o conceito de literatura negra-brasileira surge como um recurso para abrir espaços no campo da produção cultural para apreciação pelo público-leitor da produção realizada por não-brancos e, como consequência, também abrir espaços no campo dos estudos acadêmicos. Florentina da Silva Souza, intelectual negra, professora de Literatura Brasileira da UFBA, em seu estudo sobre os Cadernos Negros, importante meio de divulgação de poemas e contos de autoras/es negras/os-brasileiras/os, aponta o "desejo [dos autores] de inserir a produção cultural negra no contexto da textualidade nacional" (SOUZA, 2006: 111) e a tentativa de "participar do desenho identitário brasileiro, numa perspectiva que evidencia a diferença e desestabiliza o projeto de uma identidade unitária" (SOUZA, 2006: 87). Para esta inserção, é necessário quebrar com uma identidade monolítica da literatura brasileira, o que tem sido feito, de acordo com a tese da autora, através de uma estratégia de suplementação cultural. A noção derridiana de suplemento é apropriada por Homi Bhabha, que diz que "o ato de acrescentar, não necessariamente equivale a somar, mas pode, sim, alterar o cálculo. [...] A estratégia suplementar interrompe a serialidade sucessiva da narrativa de plurais e pluralismo ao mudar radicalmente seu modo de articulação." (apud SOUZA, 2006: 87) Assim, o conceito de literatura negra-brasileira não intenciona pôr-se à parte da literatura brasileira, criando uma outra tradição, mas sim intervir no desenho identitário da literatura nacional, flagrantemente embranquecido, criando novos percursos e arranjos a partir de uma perspectiva afro-diaspórica.

Neste sentido, ao traçar um panorama da literatura negro-brasileira, o poeta e crítico Edimilson de Almeida Pereira fala da literatura nacional como unidade constituída de diversidades, na qual se insere a produção negra. Para entendê-la deste modo, é importante reconhecer nossa tradição literária como uma "tradição fraturada":

> A identidade da Literatura Brasileira está ligada a uma tradição fraturada, característica das áreas que passam pelo processo de colonização. (...) A marca da nossa identidade literária pode estar no reconhecimento dessa fratura, que nos coloca no intervalo entre a aproximação e o distanciamento das heranças da colonização.[10]

Uma tradição fraturada é, portanto, híbrida, móvel, sujeita a rearranjos, seleções e rearticulações que possibilitam contar histórias

---

[10] "Panorama da literatura Afro-Brasileira". Disponível em www.letras.ufmg.br/literafro Acessado em janeiro de 2018.

diversas, de lugares ideológicos diferentes. Esta identidade fraturada e multifacetada assume os conflitos e heterogeneidade cultural decorrentes do processo de colonização, que se instaura apagando marcas culturais dos povos colonizados –, no caso brasileiro, as heranças dos povos indígenas e africanos –, impondo os códigos culturais da colônia como referências unívocas de saber. A análise de uma literatura sob o signo da colonização requer atenção aos silenciamentos e opressões promovidos pelo que Gayatri Spivak chama de "violência epistêmica", outro nome para o epistemicídio de Boaventura dos Santos.

Em *Pode o subalterno falar?*, Spivak fala da violência epistêmica que atinge o "conhecimento subjugado", isto é, "todo um conjunto de conhecimentos que foram desclassificados como inadequados para sua tarefa ou como insuficientemente elaborados" (SPIVAK, 2010: 48). O não-reconhecimento da importância da produção de autores negros é, sem dúvida, um exemplo de violência epistêmica, contra a qual o conceito de literatura negra-brasileira se coloca. Segundo Cuti, um dos organizadores dos Cadernos Negros, "a literatura brasileira torna-se negra exatamente porque até o presente foi, silenciosamente, de forma abusiva, branca, em seu propósito de invisibilizar e estereotipar o negro e o mestiço." (CUTI, 2012: 32).

Ao fim de seu ensaio, Spivak considera o impacto da interseção entre gênero e subalternidade[11], analisando a criminalização do suicídio ritual das viúvas indianas empreendida pela lei inglesa. Ela conclui que para as mulheres subalternas a opressão é ainda maior

---

[11] Na sua análise da subalternidade, a autora não considera a raça um fator decisivo de contestação nas relações de opressão na Índia, o que é bastante diferente do contexto brasileiro. "A questão da 'mulher' parece ser a mais problemática nesse contexto. Evidentemente, se você é pobre, negra e mulher, está envolvida de três maneiras. Se, no entanto, essa formulação é deslocada do contexto do Primeiro Mundo para o contexto pós-colonial (...) a condição de ser 'negra' ou 'de cor' perde o significado persuasivo. A estratificação necessária da constituição do sujeito colonial na primeira fase do imperialismo capitalista torna a categoria 'cor' inútil como um significante emancipatório." (SPIVAK, 2010: 85)

que para os homens: "Se, no contexto da produção colonial, o sujeito subalterno não tem história e não pode falar, o sujeito subalterno feminino está ainda mais profundamente na obscuridade" (SPIVAK, 2010, p. 67). É importante não perder de vista esta conclusão a fim de validar a especificidade do olhar para a realidade e a produção intelectual de mulheres subalternas.

2.2. Literatura negra-brasileira sob o signo da contestação

Para a poeta, prosadora e crítica literária Conceição Evaristo, a literatura negra-brasileira contesta os estereótipos produzidos pelo imaginário branco, empreendendo uma rasura e uma descontinuidade no modus operandi discursivo: "Se há uma literatura que nos invisibiliza ou nos ficcionaliza a partir de estereótipos vários, há um outro discurso literário que pretende rasurar modos consagrados de representação da mulher negra na literatura"[12]. Em seu estudo sobre os estereótipos das mulheres negras disseminados pelas obras da literatura canônica, Conceição Evaristo denuncia a hipersexualização da personagem negra, geralmente infecunda, por vezes perigosa, por vezes ingênua, como as personagens Jelu, de poema de Gregório de Matos ("Jelu, vós sois a rainha das mulatas/ E sobretudo sois a deusa das p..."), Bertoleza e Rita Baiana, de *O Cortiço* (1890), de Aluísio de Azevedo, e a heroína *de Gabriela, Cravo e Canela* (1958), de Jorge Amado. Para desmontar estes estereótipos, a autora problematiza o fato da mulher negra raramente ser representada como mãe, o que ocorre apenas quando ocupa o lugar da "mãe-preta", aquela que cuida dos filhos dos brancos e não dos seus próprios descendentes: "qual

---

[12] Disponível em http://www.palmares.gov.br/sites/000/2/download/52%20a%2057.pdf Acessado em janeiro de 2018

seria o significado da não representação materna para a mulher negra na literatura brasileira? Estaria o discurso literário, como o histórico, procurando apagar os sentidos de uma matriz africana na sociedade brasileira?"[13].

Giovana Xavier, no ensaio "Entre personagens, tipologias e rótulos da 'diferença': a mulher escrava na ficção do Rio de Janeiro no século XIX", faz um estudo de obras de Machado de Assis, José de Alencar, Júlia Lopes de Almeida, Joaquim Manoel de Macedo, dentre outros, observando a repetição de um mesmo traço: "o esforço em demonstrar a confluência entre traços físicos 'anormais' e o caráter 'duvidoso' como a principal marca da mulher 'de cor' e do seu corpo. É dentro desse contexto que nasceram tipologias literárias como as da *bela mulata*, da *crioula feia*, da *escrava fiel*, da *preta resignada*, da *mucamba sapeca* ou ainda da *mestiça duvidosa*." (XAVIER, 2012: 67).

Deste modo, a literatura negra-brasileira tem por intenção operar uma "desleitura" da tradição, intervindo nos estereótipos propagados pela literatura canônica. A expressão é empregada por Florentina da Silva Souza que, tratando dos poemas publicados nos Cadernos Negros, observa que os poetas negros estabelecem diálogos com a literatura canônica, demonstrando domínio de repertório e das formas da literatura consagrada, apesar de optarem por endereçar sua produção a um público-alvo diverso, o/a leitor/a negro/a, normalmente desconsiderado/a pelo cânone, "tendo por meta ser útil à formação da sua autoestima" (SOUZA, 2006: 117). Essa relação com a tradição, que por um lado aceita suas formas e por outro as remodela e atualiza, é feita com o intuito de provocar discussões que alterem o "sistema de representação utilizado nos

---

[13] Idem.

vários textos produzidos pela sociedade, na maioria das vezes, marcados pela depreciação estereotípica" (SOUZA, 2006: 117). O conceito de "desleitura", como o emprega Florentina da Silva Souza, dialoga muito com o de estética afro-diapórica, de Kobena Mercer, a que já me referi.

Para muitos críticos, são estas intenções, incluída a da escolha de um público leitor, que definem a literatura negra-brasileira, e não só a coloração da pele e os traços fenotípicos da/o artista. Para Eduardo de Assis Duarte, além do tema, da autoria e do público-alvo estar centrado no sujeito negro, tudo feito através de uma linguagem contra-hegemônica, é importante atentar para o ponto de vista expresso pelo texto: "Com efeito, não basta ser afrodescendente ou simplesmente utilizar-se do tema. É necessária a assunção de uma perspectiva e, mesmo, de uma visão de mundo identificada à história, à cultura, logo a toda problemática inerente à vida desse importante segmento da população"[14]. O mesmo aponta o intelectual negro e ativista Abdias Nascimento:

> O país ia crescendo sob a égide da branquificação progressiva. Uma aculturação insidiosa penetrando fundo e deformando as melhores inteligências no campo da criação literária. Quantos sucumbiram à imposição dos valores ocidentais! Basta citar alguns nomes: Gregório de Matos, Inácio da Silva Alvarenga, Gonçalves Dias, Caldas Barbosa, Francisco Otaviano, Jorge de Lima, Mário de Andrade, Cassiano Ricardo etc. Criaram para o consumo da classe dominante, mesmo quando pesquisando folclore negro ou utilizando o homem ou a mulher negra como tema de suas obras. Esses poetas, romancistas, pesquisadores, à coação disfarçada do meio, às sutilezas aculturativas e

---

[14] Disponível em http://revista.arquivonacional.gov.br/index.php/revistaacervo/article/view/9 Acessado em fevereiro de 2018.

assimilacionistas, mantiveram um razoável distanciamento da sua parte africana. (NASCIMENTO, 2019: 137)

Dentre os poetas citados por Nascimento, tomo o exemplo do modernista Jorge de Lima que, apesar de negro, não é incorporado à literatura negra-brasileira, posto que seus poemas reproduzem diversos estereótipos negativos, pertencentes ao imaginário branco, sem problematização. O clássico poema "Essa nega fulô" é um exemplo do ponto de vista assumido pelo autor em muitos momentos, pois reúne uma série de imagens que mantém a mulher negra em um lugar de passividade e pouca humanidade, trazendo à tona o ponto de vista dos senhores brancos:

> Ó Fulô! Ó Fulô!
> (Era a fala da Sinhá)
> vem me ajudar, ó Fulô,
> vem abanar o meu corpo
> que eu estou suada, Fulô!
> vem coçar minha coceira,
> vem me catar cafuné,
> vem balançar minha rede,
> vem me contar uma história,
> que eu estou com sono, Fulô!
> Essa negra Fulô!
> (...)
>
> Ó Fulô! Ó Fulô!
> Cadê meu lenço de rendas,
> Cadê meu cinto, meu broche,
> Cadê o meu terço de ouro
> que teu Sinhô me mandou?
> Ah! foi você que roubou!
> Ah! foi você que roubou!

> Essa negra Fulô!
> Essa negra Fulô!
>
> O Sinhô foi açoitar
> sozinho a negra Fulô.
> A negra tirou a saia
> e tirou o cabeção,
> de dentro dêle pulou
> nuinha a negra Fulô.
>
> Essa negra Fulô!
> Essa negra Fulô!
> Ó Fulô! Ó Fulô!
> Cadê, cadê teu Sinhô
> que Nosso Senhor me mandou?
> Ah! Foi você que roubou,
> foi você, negra fulô?[15]

A espécie de cantiga que o poeta tece através de refrões só reafirma os lugares simbólicos da mulher negra como serviçal, ladra e objeto sexual, destituída de subjetividade. Jorge de Lima não rompe com o discurso dominante epistemicida, apenas entoa a mesma ladainha que mantém a população negra na subalternidade. O poeta modernista, que não assumia sua negritude, em nada contribuiu para a melhora da autoestima e reconexão do/a leitor/a negro/a com a sua história. O poeta Oliveira Silveira, por sua vez, promoveu uma desleitura ou uma leitura afro-diaspórica deste poema, desnaturalizando estereótipos em "Outra nega Fulô", publicado nos Cadernos Negros 11(1988):

---

[15] Disponível em http://www.editoraopirus.com.br/uploads/td/materiais/literatura/PoemasNegros_JorgeDeLima.pdf Acessado em julho de 2019.

O sinhô foi açoitar
a outra nega Fulô
- ou será que era a mesma?
A nega tirou a saia
a blusa e se pelou
O sinhô ficou tarado,
largou o relho e se engraçou.
A nega em vez de deitar
pegou um pau e sampou
nas guampas do sinhô.
- Essa nega Fulô!
Esta nossa Fulô!,
dizia intimamente satisfeito
o velho pai João
pra escândalo do bom Jorge de Lima,
seminegro e cristão.
E a mãe-preta chegou bem cretina
fingindo uma dor no coração.
- Fulô! Fulô! Ó Fulô!
A sinhá burra e besta perguntava
onde é que tava o sinhô
que o diabo lhe mandou.
- Ah, foi você que matou!
- É sim, fui eu que matou –
disse bem longe a Fulô
pro seu nego, que levou
ela pro mato, e com ele
aí sim ela deitou.
Essa nega Fulô!
Essa nega Fulô!

(apud SOUZA, 2006: 118)

No poema de Oliveira Silveira, "pra escândalo do bom

Jorge de Lima,/seminegro e cristão", Fulô faz valer a sua vontade, não se adequando à passividade e docilidade do estereótipo, do mero objeto sexual. Fulô é representada como sujeito que escolhe seu parceiro sexual e resiste à submissão. Entre ela e o eu-lírico se cria uma cumplicidade, a mesma que existe entre os personagens pai João e mãe-preta, que apoiam Fulô na fuga, literal e também simbólica: fuga do próprio estereótipo que lhe impede de gozar dos prazeres e da liberdade. Assim, lendo a fuga de maneira metafórica, enganar e desmontar o estereótipo significa destituir o sinhô do lugar de autoridade e mando, devolvendo a humanidade aos personagens negros.

A cumplicidade entre os personagens negros e o eu-lírico se apoia no uso do pronome "nossa", no refrão "Esta nossa nega Fulô", trazendo para o lugar de enunciação aqueles que no poema de Jorge de Lima não falavam. Como podemos perceber, é empreendido um desvio da representação brancocêntrica dos personagens negros, produzida uma contraimagem que fala desde outro lugar ideológico.

Muitos artistas do Modernismo reafirmaram imagens estereotipadas das mulheres negras através de suas obras. Abdias Nascimento, ao analisar a imagem da "mulata" na literatura brasileira, traz diversos exemplos da hipersexualização e objetificação. Ele cita os apontamentos de Teófilo de Queiroz Júnior a respeito da obra de Jorge Amado, dentre os quais destaco a passagem sobre a personagem Ana Mercedes, de Tenda dos Milagres:

> 'Ouro puro da cabeça aos pés, carne perfumada de alecrim, riso de cristal, construção de dengue e de requebro' e tem 'infinita capacidade de mentira'. De sua atração, diz o autor que no 'Jornal da cidade', de onde recebe seu salário 'dos donos aos porteiros, passando pela redação, pela administração e pelas

> oficinas, enquanto ela ali trafegou, saveiro em navegação de mar revolto, nenhum daqueles pulhas teve outro pensamento, outro desejo senão naufragá-la num dos macios sofás da sala da diretoria [...], nas vacilantes mesas da redação e da gerência, em cima da velhíssima impressora, das resmas de papel ou do sórdido piso de graxa e porcaria. (NASCIMENTO, 2019: 265)

Logo após a sequência de elogios que exaltam a eroticidade do corpo de Ana Mercedes, a narrativa traz um elemento da personalidade da personagem francamente pejorativo, sendo ela tão sensual quanto mentirosa. A sordidez da mentira parece autorizar a imaginação sórdida dos homens que compõem o quadro de funcionários do jornal, que imaginam violar Ana Mercedes em diversos espaços do órgão de imprensa, inclusive no "piso de graxa e porcaria", em meio à sujeira, desmoralizando a personagem. Na passagem, a mulher negra é apenas um objeto para usufruto dos apetites masculinos, por sinal, bastante agressivos; o que traz de volta ao imaginário a sanha sexual dos colonizadores em terras brasileiras, os sucessivos estupros que sofreram as mulheres negras e as índias, do que resultou no parto do nosso povo mestiço.

Outro traço estereotípico que delineia a representação da personagem negra em diversas obras canônicas é a afasia, isto é, o negro representado como personagem incapaz de falar. Conceição Evaristo demonstra este traço através da análise do personagem negro Pai Benedito, no romance *O tronco do ipê*, de José de Alencar, "dotado apenas de uma linguagem gutural, se expressa por meiostermos, e ao tentar se comunicar em português, isto é, ao usar a linguagem do colonizador, se perde na colocação dos pronomes" (EVARISTO, 2009: 22); também através de Casimiro Lopes, personagem negro de *São Bernardo*, de Graciliano Ramos, que aparece "como alguém possuidor só de uma meia linguagem (...) que gaguejava ao falar e que, tendo aprendido 'alguns termos com o pessoal da cidade', repete-os sem propósito, em falas sem sentido" (EVARISTO, 2009: 22). Existe este mesmo padrão de representação da personagem negra na novela *Campo Geral*, de Guimarães Rosa, na qual a negra Māitina, espécie de mocamba "preta de um preto estúrdio, encalcado, trasmanchada de um mais grosso preto, um preto de boi", produz uma fala que, para o narrador, parece "tudo resmungo; mesmo para falar, direito, direito não se compreendia" (ROSA, 2016: 40).

Após esta passagem por alguns exemplos de representações estereotipadas do homem negro e da mulher negra que povoam obras importantes da literatura brasileira, parece, de fato, urgente a valorização de uma literatura em que autores e autoras negras assumam o lugar de enunciação para contestar e rasurar o sistema simbólico racista, empreendendo uma revisão afro-diaspórica da história literária.

2.3. O Movimento Negro e o quilombo de palavras

Destacar a verve contestatória do conceito de literatura negra-brasileira remete ao Movimento Negro como elemento importante na construção coletiva de estratégias de poder e de fala. Para Conceição Evaristo,

> A expressividade negra vai ganhar uma nova consciência política sob a inspiração do Movimento Negro Brasileiro, que na década de 1970 volta seu olhar para a África. O movimento de Negritude de Leopold Sedar Senghor, Aimé Césaire e outros, tardiamente chegado ao Brasil, vem misturado ao discurso de Patric Lumbumba, Black Panther, Luther King,

Malcom X, Angela Davis e das guerras de independência nas colônias portuguesas. (EVARISTO, 2009: 25)

Segundo a autora, essas referências oriundas do Movimento Negro mundial impulsionaram as organizações de intelectuais negros no Brasil e a ampliação da produção literária dos artistas que, a partir deste momento, assume um tom contestatório, de denúncia das violências e desigualdades raciais, diferenciando-se do tom predominantemente lamentoso da produção negra anterior aos anos 70.

Uma das críticas do poeta e crítico Cuti (Luiz Silva) à adoção do termo "Literatura Afro-Brasileira" é por ele apagar o significante ligado à militância histórica, assim esvaziando o sentido das lutas da população negra, feitas à margem do reconhecimento institucional: "A universidade, como instância de poder, não reconhece a palavra 'negro'. Os governos federal, estadual e municipal também tendem a não reconhecê-la, exatamente porque foi com ela que a militância política e cultural conseguiu imprimir determinadas marcas na vida nacional como, por exemplo, o Dia Nacional da Consciência Negra." (CUTI, 2010: 44).

Fazendo um contraponto a Cuti, Eduardo de Assis Duarte analisa que a expressão é muito ambígua e carregada de sentidos negativos, podendo confundir-se com a literatura sobre o negro, orientada por um ponto de vista brancocêntrico, como foi o chamado Negrismo praticado por Modernistas, ou com a literatura *noir*, ligada ao suspense e ao gênero policial. Levantando o ponto mais interessante de seu contraponto, Duarte acredita que o termo Literatura Afro-Brasileira seria um operador crítico mais elástico, abrangendo tanto a produção de artistas negros que assumem explicitamente seu sujeito étnico e o engajamento nas causas sociais quanto a produção de artistas em que o aspecto político é mais sutil. Não são poucas/os as/os artistas que passeiam por ambas vertentes. Acredito ser este ponto importante, posto que nem toda produção de artistas negras/os conscientes de sua negritude assume a mesma feição ou tom contestatório. Tatiana Nascimento, inclusive, discute que a restrição da literatura negra-brasileira ao campo temático da dor, do sofrimento e da denúncia é um modo de estereotipar e despotencializar esta produção, invisibilizando as obras que não se encaixam no padrão previsto e assimilado pela lógica racista colonial:

> Muitas de nós somos levadas a acreditar que é próprio das existências negras o lugar da morte, e/ou inexistências, e/ou silenciamento, ainda mais drasticamente no que concerne a algumas existências negras, aquelas sexual-dissidentes y/ou desertoras do gênero, ou lgbtqi+, o que tem significado, pra nossa literatura, lidar com a grande expectativa social de que não podemos sair do lugar da morte, do sofrimento, da denúncia? por um lado, não é que possamos simplesmente ignorar todos os processos de opressão que constantemente nos açoitam. muito menos que não possamos jamais refletir ou pensar sobre esse episódio derradeiro natural às vidas que fazem jornada da matéria. o que me aresta é a sensação de que nada mais nos caiba: como se a gente só pudesse falar de sofrimento e morte (...). mais: me causa um tanto de incômodo parecer que toda nossa produção estética, especialmente a poética – a que estudo mais, por ser poeta – toda vez que tenta desorbitar essa condição, toda vez que ousa falar de qualquer lugar outro ou propor novas abordagens, corre o risco de ser ininteligível, de não ser sequer compreendida ou considerada enquanto produção negra, "negra mesmo", "lésbica mesmo". (NASCIMENTO, 2020: 14)

Assim, é importante não restringir a literatura negra-brasileira a uma série de características pré-estabelecidas, sob o risco de desprezar a sua diversidade e potencial de criação subjetiva. De todo modo, a importância histórica da construção do conceito pelo Movimento negro é inegável e reconhecida pelos autores e pelas autoras acima mencionados/as e por muitos outros/as. Ele legitimou uma produção literária engajada, interpretada por Edimilson de Almeida Pereira como "literatura de fundação":

> No que diz respeito à produção do texto como lugar de reflexão acerca da experiência do sujeito negro, essa vertente literária pode ser caracterizada como uma literatura de fundação. Sob essa perspectiva, o fazer literário é apresentado como uma resposta específica de um grupo a circunstâncias históricas marcadas pelo embate entre diferentes segmentos da sociedade. Os autores identificados com a Literatura Negra e/ou Afro-Brasileira, ao mesmo tempo em que mapeiam os mecanismos de exclusão e as situações sociais adversas vividas pelos afrodescendentes, se empenham em estabelecer a crítica do modelo literário canônico.[16]

Apesar dos estudos a respeito da representação do negro na Literatura Brasileira terem sido inaugurados pelo trabalho de brasilianistas (como Roger Bastide, Raymond S. Sayers e Gregory Rabassa, entre os anos de 1940 e 1960), a partir dos anos de 1970 há um engajamento maior de autores negros brasileiros na valorização da literatura produzida por um eu enunciador textualmente negro, o que se dá junto a um engajamento pela melhora da vida dos sujeitos negros na sociedade. Nas palavras da poeta Miriam Alves,

---

[16] PEREIRA, Edimilson de Almeida. Disponível em http://www.letras.ufmg.br/literafro/artigos/artigos-teorico-conceituais/1035-territorios-cruzados-relacoes-entre-canone-literario-e-literatura-negra-e-ou-afro-brasileira1#_ftn1. Acessado em junho de 2018.

"os autores, denominando-se 'escritores negros de literatura negra', consagram o termo e geram a publicação de livros e teses e a realização de encontros, conferências, simpósios de âmbito nacional e internacional" (in FIGUEIREDO E FONSECA, 2012: 224).

Os fins dos anos 70 são marcados pela suspensão do AI-5 e pelo início do processo de redemocratização, sendo mais favoráveis à formação e consolidação de diversas organizações negras de resistência à opressão. Recorrendo mais uma vez à Miriam Alves, integrante do Movimento Negro:

> A discussão das questões raciais virou assunto de segurança nacional e sua abordagem era proibida (...) havia o temor por parte das autoridades, devido à amplitude do Movimento Negro Brasileiro, de que acontecessem aqui conflitos e distúrbios raciais semelhantes aos ocorridos nos EUA, com a criação de uma organização como os 'Panteras Negras'. As ações e os militantes negros foram vigiados de perto pelos informantes do DOPS. (ALVES, 2010: 28)

Neste momento é fundado o MNUCDR, Movimento Negro Unificado contra a Discriminação Racial (depois chamado MNU), e em 1978 é lançado o primeiro volume dos Cadernos Negros. Ao falar da história do Cadernos Negros, Cuti, um dos seus fundadores, resgata a exuberante atuação das associações negras neste período:

> Foi nesse mesmo ano [1978] que surgiu, no bojo do Movimento Negro, a série Cadernos Negros. O primeiro número foi lançado no (também primeiro) Feconezu (Festival Comunitário Negro Zumbi), realizado na cidade de Araraquara-SP.
> O Cecan – Centro de Cultura e Arte Negra (...) foi o ponto de encontro entre escritores que iniciaram a série. Ali se articulou

a Feabesp – Federação das Entidades Afro-Brasileiras do Estado de São Paulo – entidade responsável pelo *Jornegro*, também lançado naquele ano.

A década de 70 foi marcada por inúmeros encontros entre grupos negros de diversos lugares do Brasil. Nesses encontros a poesia sempre se fez presente (...). Em 1976, o Centro de Estudos Culturais Afro-Brasileiro Zumbi (Santos-SP) publicou a "Coletânea de Poesia Negra" (mimeografada), onde se faziam presentes textos de autores negros da África e da América (incluindo brasileiros já publicados em livros). (...) Neste mesmo ano (1977), em São Paulo, foi impressa em mimeógrafo a coletânea *Negrice I* – contendo textos de poetas negros contemporâneos (...) Além do avanço nas organizações existentes e do surgimento de entidades negras, nos anos 1970 houve a recuperação da luta de Palmares (século XVIII) para a história contemporânea, tendo como símbolo o herói Zumbi. 20 de novembro (dia em que Zumbi foi assassinado) tornou-se uma data de mobilização geral. É o Dia Nacional da Consciência Negra. (CUTI, 2010: 126-127)

Muito da literatura negra-brasileira deste período foi publicada em jornais e edições artesanais produzidas pelas associações culturais negras. Elas também foram importantes por proporcionarem a convivência entre os artistas e possibilitarem a formação de um público leitor negro, elementos fundamentais para o funcionamento do sistema literário, segundo Antônio Candido. Falando sobre a falta de público leitor para o/a escritor/a negro/a-brasileiro/a do século XIX, Oswaldo Camargo pondera:

> ... Um Cruz e Souza não foi, como negro, um escritor natural, no sentido em que pudesse (ao menos quando sua dicção se pretendia negra) entabular intercâmbio com o negro de sua época; quando ele escreve, por exemplo, 'Emparedado', – o

> grito mais forte de um negro cercado de angústias neste País
> – duvidamos de que ele pudesse ou ousasse julgar estar-se
> dirigindo a negros. Ele era, no momento, os negros todos
> do País; ele tão somente se centrava sobre si mesmo, como
> escritor, quando o natural é que a obra se extrapole.... (apud
> MARTINS, 2007: 47)

Cuti aponta a importância das associações negras, atuantes desde o início do século XX, para a criação de uma "vida literária negra":

> A literatura negra-brasileira, da solidão de autores até o século XIX, passou a contar com o início de uma vida literária negra nas associações culturais de caráter reivindicatório, a partir das primeiras décadas do século XX. (...) A importância das associações negras se dá por terem essas, diferentemente das tradicionais (casas de religião, escolas de samba, congados etc.), certo apreço à produção escrita. (CUTI, 2010: 115-116)

O autor dá destaque às seguintes associações negras relacionadas à produção de literatura: o Teatro Experimental do Negro (TEN), criado por Abdias Nascimento; o Teatro Popular Brasileiro, criado por Solano Trindade; o grupo Quilombhoje, do qual Cuti faz parte e que, a partir dos anos 80, passou a editar os Cadernos Negros; o grupo Negrícia – Poesia e Arte de Criolo, do Rio de Janeiro, do qual participou Éle Semog e também Conceição Evaristo; o GENS – Grupo de Escritores Negros de Salvador. Miriam Alves, poeta participante do grupo Quilombhoje, cita estes grupos e também o grupo "Uni-Verso", de Campos, Rio de Janeiro (in FIGUEIREDO E FONSECA, 2012: 229). Florentina da Silva Souza, tratando dos Cadernos Negros e do Jornal Nêgo, do MNU, também nos dá dimensão deste cenário diverso, em ebulição:

> As edições são produzidas e vendidas pelos autores e por membros de entidades negras em reuniões de militância, atividades de partidos políticos, ensaios de escolas de samba e de grupos afros. Na esteira de periódicos como Ébano, Jornegro, Nizinga, entre outros, aqueles [Cadernos Negros e Jornal Nêgo] podem ser vistos como marcos da atmosfera cultural das três últimas décadas, nas quais grupos como Palmares, Movimento Negro Unificado e Negrícia propõem estratégias diversificadas para combater as manifestações de racismo no Brasil, sugerindo também outro conjunto de representações para o grupo étnico. (SOUZA, 2006: 41)

Revela-se a singularidade de uma literatura empenhada, que se desenvolveu junto dos movimentos sociais e de suas atuações políticas. Nos anos 1970, assim como em momentos anteriores, o Movimento Negro recorreu a uma imagem poderosa, gravada no inconsciente coletivo dos negros e da inteligência brasileira: o quilombo. O grupo Quilombhoje, que passou a editar os Cadernos Negros nos anos 1980, se apropria desse significante muito claramente. A historiadora Beatriz Nascimento dedicou-se a estudar esses sistemas sociais de bases africanas, alternativos ao regime colonial português, e identificar seus modos de permanência no Brasil ao longo do século XX. Um dos modos de continuidade dos quilombos no Brasil pós-abolição é, justamente, a sua apropriação pelo Movimento Negro, em seus diversos momentos e configurações, transformando-o em "instrumento ideológico contra as formas de opressão" (NASCIMENTO, 2018: 289). De instituição social e econômica que sobreviveu nas brechas do império português até o século XIX, o quilombo foi ressignificado pelo Movimento Negro e tornado símbolo de resistência e de luta pela liberdade:

> Como antes tinha servido de manifestação reativa ao colonialismo de fato, na década de 70 o quilombo volta-se como código de reação ao colonialismo cultural, reafirma a herança africana e busca um modelo brasileiro capaz de reforçar a identidade étnica. A literatura e a oralidade histórica sobre quilombos impulsionaram esse movimento, que tinha como finalidade a revisão de conceitos históricos estereotipados. (...) Quilombo passou a ser sinônimo de povo negro, de comportamento do africano e de seus descendentes e esperança para uma melhor sociedade. Passou a ser sede interior e exterior de todas as formas de resistência cultural. Tudo, da atitude à associação, seria quilombo, desde que buscasse maior valorização da herança negra. (NASCIMENTO, 2018: 291-292)

Assim, este engajamento na "valorização da herança negra" e construção de uma estética afro-diaspórica pelas escritoras e escritores negras/os deste período pode ser entendido como formação de quilombo, aquilombamento, em acordo com a proposta do grupo Quilombhoje. As poetas contemporâneas negras que lerei neste ensaio herdam esse modo de atuação na literatura, fazendo crescer esse quilombo simbólico, guiado por um modo de significar o mundo afro-diaspórico. Suas poéticas produzem epistemes quilombolas. Nesse sentido, se encaminha a "tarefa da atual geração afro-brasileira", desenhada por Abdias Nascimento, que cunhou o conceito de "quilombismo":

> Um instrumento conceitual operativo se coloca, pois, na pauta das necessidades imediatas da gente negra brasileira. Tal instrumento não deve e não pode ser fruto de uma maquinação cerebral arbitrária, falsa e abstrata, nem tampouco um elenco de princípios importados (...) A cristalização dos

nossos conceitos, definições ou princípios deve exprimir a vivência de cultura e de *praxis* da coletividade negra, deve incorporar nossa integridade de ser total em nosso tempo histórico, enriquecendo e aumentando nossa capacidade de luta. Precisamos e devemos codificar nossa experiência por nós mesmos, sistematizá-la, interpretá-la e tirar desse ato todas as lições teóricas e práticas conforme a perspectiva exclusiva dos interesses da população negra e de sua respectiva visão de futuro. Esta se apresenta como a tarefa da atual geração afro-brasileira: edificar a ciência histórico-humanista do quilombismo. (NASCIMENTO, 2019: 289)

O sentido de missão, semelhante àquele identificado por Antônio Candido na literatura brasileira em geral, está presente na literatura negra produzida a partir deste período dos anos 1970, na qual se expressa o compromisso dos artistas não apenas com o aspecto estético dos textos, mas também com a construção da identidade e a desconstrução de estereótipos. No caso, os escritores militantes vinculados aos Cadernos Negros e a outras publicações independentes estavam dedicados à construção de identidades negras alternativas ao imaginário racista presente na literatura brasileira em geral. Segundo Maria Nazareth Soares Fonseca, se trata de uma "produção literária de escritores que assumem a função social da literatura, ainda que não desconsiderem a importância de essa função estar sempre relacionada com o trabalho criativo."[17] Muito pelo contrário, a preocupação estética estava (e ainda está) aliada a um trabalho de formação dos poetas, que enviam poemas para uma comissão editorial que não só seleciona os textos para

---

[17] Disponível em http://www.letras.ufmg.br/literafro/artigos/artigos-teorico-conceituais/160-maria-nazareth-soares-fonseca-poesia-afro-brasileira-vertentes-e-feicoes Acessado em junho de 2018.

cada edição, mas também comenta o material enviado no sentido de contribuir para a formação e desenvolvimento da escrita do/a poeta.

É importante destacar a pluralidade na construção da identidade, para que não corramos o risco de fabricar novos estereótipos. Conforme é afirmado no prefácio ao 1º volume dos Cadernos Negros, "as diferenças de estilo, concepções de literatura, forma, nada disso pode ser mais muro erguido entre aqueles que encontram na poesia um meio de expressão negra" (ALVES in FIGUEIREDO e FONSECA, 2012: 222). Foi essa direção que o campo de estudos de literatura negra-brasileira tomou, desdobrando uma multiplicidade de entendimentos e opções estéticas que cria um panorama identitário complexo. O descentramento e pluralização de discursos pode ser percebido na circulação dos nomes literatura negra, negro-brasileira, afro-brasileira e afrodescendente, que vão surgindo ao longo de uma construção coletiva que começa nas associações negras – ou seja, fora das instituições de saber hegemônico –, chegando ao meio acadêmico em um momento posterior. De acordo com Florentina da Silva Souza, "efetivam-se trânsitos e intercâmbios entre os conceitos construídos pelos escritores negros (na verdade, pelos movimentos negros) e aqueles gerados pelos estudos e reflexões acadêmicas – trocas marcadas pelo fato de, mais intensamente a partir dos fins da década de oitenta, crescer o número de afrodescendentes que investem nas pesquisas e estudos sobre a cultura, tradição e história Afro-Brasileira" (SOUZA, 2006: 97-98). O conceito é criado à margem das universidades por jovens estudantes negros que não encontravam espaço nos cursos de Letras e afins para a circulação destas discussões e dessa literatura. A literatura negra-brasileira, enquanto conceito que gera fortuna e recepção crítica, é um quilombo instaurado nas bordas do universo teórico eurocêntrico e embranquecido das universidades brasileiras. Como conceito alternativo ao racismo/sexismo hegemônico que rege o cânone literário, ele abre espaço para a circulação e valorização da produção de obras de arte/conhecimento realizadas por intelectuais e artistas negras e negros.

2.4. Literatura negra-brasileira e o circuito editorial alternativo

A produção artesanal de edições mimeografadas, confeccionadas e distribuídas pelos próprios autores, é um fenômeno dos anos 60 e 70 que marca a chamada literatura marginal. Críticos como Heloísa Buarque de Holanda e Carlos Messeder Pereira apontaram as características da poesia proposta por grupos como Frenesi, Vida de Artista e Nuvem Cigana, compostos predominantemente por uma juventude branca elitizada. Assim, a marginalidade destes grupos estava ligada à produção independente de livros, que se punha à margem do mercado editorial, e à busca por uma linguagem transgressora, "não literária", que se colocava à parte do sistema de representação institucionalmente estabelecido. Em "Impressões de Viagem", Heloísa Buarque de Holanda destaca que

> A recusa das 'formas sérias do conhecimento' passa a configurar um traço importante e crítico de uma experiência de descrença em relação à universidade e ao rigor das linguagens técnicas, científicas e intelectuais. E essa atitude anti-intelectualista não é apenas uma forma preguiçosa ou ingênua, mas outra forma de representar o mundo. (...) Agora, os projetos não se fazem mais no sentido de mudar o sistema, de tomar o poder. Cresce, ao contrário, uma desconfiança básica na linguagem do sistema e do poder. (HOLANDA, 1980: 100)

No contexto da ditadura militar, a geração marginal, também chamada geração mimeógrafo, dedicou-se a produzir um contra discurso marcado pelo binômio arte/vida, pela valorização do presente, pelo descompromisso com programas estéticos e com programas políticos. Ela foi valorizada pela emblemática antologia "26 poetas hoje", organizada por Heloísa Buarque de Holanda a pedido da editora espanhola Labor, que contribuiu para inserir esta produção não canônica no panorama da literatura brasileira, abrindo espaço para os estudos acadêmicos a este respeito. O último poeta da antologia, publicada pela primeira vez em 1976, é Adauto, o único poeta negro presente na reunião "de alguns dos resultados reais significativos" daquela geração. Em seus poemas, ele fala do "sub/urbanoide", de "marmitas vazias", do "afrika korps", e dedica um poema à Patrice Lumumba, líder anti-colonial congolês:

> em cada pirado
> em cada pivete
> em cada malandro
> em cada suicida
> em cada sub/urbanoide
> eu vejo
> todo o
> seu esplendor
> escorrendo pelos bueiros
> desta
> cidade vazia
> – meu único congo...
>
> (ADAUTO in HOLANDA, 2007: 250)

A marca de um eu-lírico negro, que assume sua condição afro-diaspórica, surge nesta antologia de modo um tanto deslocado, já que a maior parte dos poemas da reunião organizada por Heloísa Buarque de Holanda não traz estas referências e lugar de fala. De todo modo, dentre os "26 poetas hoje", retrato da geração mimeógrafo, há um poeta que representa a busca por uma poesia brasileira afrocentrada, dando notícias de um movimento político-literário maior. Das cinco poetas presentes na antologia "marginal", um número bastante desigual frente aos 21 poetas homens, nenhuma é negra.

Através das narrativas de Cuti e de Florentina da Silva Souza, percebo que existiu uma espécie de "geração mimeógrafo negra", que estava empenhada em criticar o modelo literário hegemônico e o sistema editorial desde uma marginalidade atravessada pela negritude e pela subalternidade. Miriam Alves, poeta e organizadora do grupo Quilombhoje, caracteriza o 1º volume dos Cadernos Negros, dedicado à poesia, como "um pequeno livro com oito autores, trazendo a marca do esforço de superar a 'geração mimeógrafo', da qual alguns desses primeiros participantes eram oriundos..." (in FIGUEIREDO e FONSECA, 2012: 222). De fato, esta primeira edição é bastante semelhante aos livrinhos da geração marginal, mas me atrevo a aproximar o Cadernos Negros 1 à tradição dos cordéis nordestinos: mínimos, precários, francamente orais, direcionados à população explorada; didáticos e potentes.

Apropriando-se da experiência da "geração marginal", que propunha o domínio das diversas etapas de editoração e distribuição dos próprios livros, os escritores e escritoras negras ressignificaram este processo dentro das associações culturais negras, a que podemos chamar quilombos. As editoras que, hoje, privilegiam a autoria negra[18] são herdeiras desse momento, havendo

---

[18] Já havia me referido a estas editoras no capítulo 1: Malê, Ogum´s Toques Negros, Quilombhoje, Nandylaya, Patuá, Padê, Selo Negro do grupo Summus, Pallas, Mazza, selo Ferinas da editora Pólen, Filhos da África, dentre outras.

ainda uma marginalidade que dificulta o acesso a livros de autoria negra, seja pela distribuição restrita, seja pela tiragem pequena ou pela pouca publicidade e recepção crítica. Podemos incluir nesse grupo a editora Padê, criada em 2015 pelas poetas Tatiana Nascimento e Bárbara Esmênia, que produz livros-objeto em um processo artesanal, dedicando-se predominantemente à publicação de escritoras e escritores negras/os. A descrição da editora no *site* http://pade.lgbt/ é a seguinte:

> A padê é um coletivo editorial que publica de livros artesanais de autoras negras, periféricas, lésbicas, travestis, pessoas trans, bissexuais em tiragem pequena (300 a 500 exemplares) (...) publica também outrxs escritorxs resistentes/dissidentes às normas que confinam corpos: letramento/escolaridade, raça/sexo/gênero/tamanho/aptidões, territórios, afetos. celebramos y procuramos escritas que combatam opressões (racismo, classismo, gordofobia, capacitismo, intelectualismo, capitalismo, especismo, mau-caratismo y mau-humor), em especial escritas feitas por amantes em geral: do céu, da dança, da risada, da vida, do espírito solto e da palavra afiada.

Em 2018, a editora foi selecionada pelo Fundo Elas de investimento social, recebendo verba para realizar o Projeto Escreviventes, que se propõe a publicar 60 livros de pessoas LBTs, 80% delas negras. Já foram lançados 21 títulos deste projeto.

Em entrevista, a poeta Esmeralda Ribeiro, membro do corpo editorial do grupo Quilombhoje, fala sobre a agressividade do mercado editorial brasileiro e sobre a complexidade das recentes políticas públicas voltadas para a educação:

> O que acontece na literatura é resultado de eventos relacionados com a política racial. (...) A Lei 10.639 confirma que a História

e Cultura Afro-Brasileiras serão ministradas no âmbito de todo o currículo escolar (...) Ao mesmo tempo, a gente tem que estar muito atenta para que os nossos interesses recebam a devida atenção. A literatura afro-brasileira precisa ser mais lida, ter melhor venda. O mercado editorial é muito agressivo aqui no Brasil e, para autores negros, uma grande dificuldade porque não é o nosso lugar, originalmente não se via como o nosso lugar. (...) Eles estão fazendo conferências na área da educação e o tema tem o recorte racial, mas a tendência é que a literatura negra receba pouca atenção, o que implica uma falta de consciência do nosso mundo e dos nossos problemas. Mesmo se tiver alguns negros lá[19], se nós escritores não estivermos lá, eles colocam a ênfase na história, cultura, geografia e literaturas do continente africano. Teria mercado aqui para isso, mas não para os escritores afro-brasileiros (...) Neste sentido, precisamos ser mais politizados. Temos que estar lá e insistir que sejam divulgados e adotados os escritores afro-brasileiros nas bibliotecas e nas escolas. (apud DUKE, 2016: 150-151)

Atravessando estas dificuldades, ainda maiores nos anos 1970 e 1980, os Cadernos Negros – organizados, diagramados e vendidos pelos próprios artistas, que custeavam os gastos através de financiamento coletivo – são apontados por Eduardo de Assis Duarte como uma publicação que "contribuiu muito para a configuração discursiva de um conceito de literatura negra". Os prefácios, escritos por intelectuais negros ligados à militância, como Lélia Gonzales, Clóvis Moura, José Correia Leite ou Waldemar Corrêa Bomfim, iam construindo, ao longo das edições, um pensamento crítico sobre o conceito. Além disso, o periódico,

---

[19] A poeta fala nesta entrevista sobre a Segunda Conferência Nacional de Promoção da Igualdade Racial (CONAPIR 2009), porém acredito que ela remeta a uma participação mais geral dos escritores negros neste tipo de evento institucional e governamental.

em atividade até hoje, foi responsável pelas primeiras publicações de autores de importância, como Conceição Evaristo e Cristiane Sobral. De acordo com Florentina da Silva Souza, na análise das edições dos Cadernos, não há uniformidade nas posições defendidas a respeito do que seja a literatura negra-brasileira, havendo, no entanto, alguns traços consensuais, que podem ser identificados em diferentes posicionamentos:

> Construção de uma origem cultural de bases africanas; valorização de costumes, religião e outras tradições herdadas das culturas africanas; resgate de episódios históricos que evidenciam o comportamento heroico de negros na história do Brasil e o trabalho de conscientização do negro no Brasil para a necessidade de assumir uma identidade Afro-Brasileira, insurgir-se contra o racismo e disputar o acesso aos espaços de poder. (SOUZA, 2006: 110)

2.5. Poesia negro-feminina e o estilhaçar das máscaras

Zilá Bernd, em sua *Antologia de Poesia Afro-Brasileira*, aponta a maior participação das mulheres negras no campo da poesia como uma "fase bastante recente da literatura Afro-Brasileira". Ela faz esta avaliação na edição atualizada da antologia, relançada em 2011, na qual apresenta seis poetas negras em um universo de 27 poetas. A reedição faz um avanço no reconhecimento da produção poética de mulheres negras, já que na edição de 1992 havia apenas uma poeta, Miriam Alves, dentre outros 22 homens. Conceição Evaristo, Miriam Alves, Leda Maria Martins, Esmeralda Ribeiro, Jussara Santos e Ana Cruz têm uma seleção de poemas organizada em uma seção específica nomeada "A poesia Afro-Brasileira no feminino".

Em várias antologias que divulgaram a poesia negra-brasileira, esta disparidade é recorrente. Na antologia *Axé*, organizada pelo poeta Paulo Colina e publicada em 1982, dos 15 poetas reunidos, apenas 4 são mulheres: Geni Mariano Guimarães, Maria da Paixão, Miriam Alves e Ruth Souza. Em seu estudo sobre os volumes dos Cadernos Negros dedicados à poesia publicados até 2004, o pesquisador e também poeta Carlindo Fausto Antônio[20] aponta "no conjunto dos 27 livros da série, a participação minoritária das mulheres. Nos CN 1, há somente duas vozes femininas." (ANTÔNIO, 2005, p. 33) No Cadernos Negros 27, publicado em 2004, em um total de 15 poetas, apenas 2 são mulheres. Dentre as antologias consultadas, a que se diferencia é a organizada por Miriam Alves, no livro *BrasilAfro Autorrevelado*, em que dos 13 autores selecionados, 7 são poetas: Conceição Evaristo, Miriam Alves, Esmeralda Ribeiro, Celinha, Ruth Souza, Geni Guimarães e Cristiane Sobral.

Esmeralda Ribeiro, poeta membro do grupo Quilombhoje (responsável pela edição dos Cadernos Negros), em entrevista à pesquisadora Dawn Duke, relata a dificuldade em encontrar espaço nos grupos literários dos anos 1970 e 1980, predominantemente masculinos:

> Eu notei que os homens controlavam muito os processos, eram muito fechados frente à ideia de compartir o espaço de autoridade com as mulheres; a esfera era muito deles. De modo geral, os grupos literários tinham poucas mulheres e eu sentia que eu tinha menos valor. Eles ditavam as regras e determinavam quem era escritor e quem não era. (...) Eu colaborava com outros escritores para fazer antologias, só que, na hora de publicar, eles não me incluíam, não recebia

---

[20] Carlindo Fausto Antônio é poeta, romancista e teatrólogo de Campinas. Publicou nos Cadernos Negros de 1997 até 2009.

> nenhum reconhecimento mesmo depois de eu ter feito todo o trabalho. (...) É um assunto muito sensível, principalmente para nós, mulheres, que estamos emergindo como escritoras com as nossas próprias ideias, percepções e maneira de ser. A mensagem que recebemos é que não devemos escrever mais porque não escrevemos bem. (DUKE, 2016: 148)

Nos textos críticos a respeito da literatura negra-brasileira em geral, o espaço dado à poesia feita por mulheres negras é igualmente restrito. No entanto, têm surgido estudos a respeito de uma "literatura afro-feminina" ou "literatura afro-brasileira de autoria feminina", que visibilizam a produção crescente de poetas negras e buscam apontar suas singularidades. Usarei o termo "literatura negra-feminina" pelos mesmos motivos já mencionados neste capítulo. Há uma série de aspectos que vão sendo elencados por diferentes autoras e autores. Zilá Bernd, na antologia anteriormente citada, destaca a relação entre memória e esquecimento na poética de poetas negras que "reiteram o resgate de imaginários de herança afro e atribuem a si próprias e às comunidades às quais estão ligadas uma memória longa. As raízes dessa memória de longa duração serão buscadas, sobretudo, no âmbito familiar, trazendo à tona a genealogia de mulheres que as precederam" (BERND, 2011, p. 152). Amanda Crispim Ferreira e Luiz Carlos Ferreira de Melo Migliozzi tratam da busca pelo exercício de direitos através do exercício da poesia:

> A literatura afro-feminina, além de denunciar essa situação pela qual ainda estão submetidas as mulheres negras, revela quem é esta mulher, que está em constante busca por seus direitos, desde aqueles considerados os mais básicos, como o direito ao pão, à moradia, ao trabalho e até aqueles considerados mais

"complexos" como o direito à fala, à maternidade, ao corpo, à sexualidade, ao estudo, à afro-brasilidade, à ancestralidade, à religiosidade, à memória, à poesia, à família, ao amor.[21]

Maria Nazareth Soares Fonseca, além da denúncia ao racismo e aos estereótipos contra a mulher, ressalta a recorrência da imagem da guerreira, "da mulher que enfrenta as vicissitudes, [o que] passa pela busca do prazer". O prazer, o desejo e o erotismo surgem então como modos de resistência às opressões:

> A letra dos poemas desfaz os elos de correntes outras e deixa aflorar as pulsações do desejo que leva a mulher a expurgar o olhar que não a vê ou que só a percebe enclausurada na rotina de funções estigmatizadas. Na escrita do poema aflora uma voz que assume os desejos do corpo. O erotismo dos versos é também resistência à estagnação; conclama outros modos de resistência e exibe um corpo pulsante que se mostra na letra do poema (...) A expressão de um corpo desejante solta-se de alegorias e imagens comedidas e permite o livre trânsito da mulher que perscruta o sutil desejo de intimidades e procura ultrapassar o intrincado código de deveres e tradições que ainda pesa sobre ela, mesmo quando se faz guerreira. (FIGUEIREDO E FONSECA, 2012, p. 213-214)

A professora Dawn Duke, em seu estudo sobre a escritora negro-brasileira, identifica que "o ato de produzir voz e expressividade transforma a própria escritora numa estratégia textual, ao mesmo tempo em que contribui para a maior compreensão da sua diferença como sujeito escritor" (2016: 16). Esta estratégia autobiográfica, que cria uma permeabilidade entre a arte e a vida, dá um tom

---

[21] Disponível em http://www.abralic.org.br/anais/arquivos/2016_1491524538.pdf Acessado em junho de 2018.

político ao texto, que reinventa e reescreve "a história da nação e da mulher, ao seu modo" (2016: 13). Essa necessidade de reorganização da história, que rompe com paradigmas estabelecidos para a subjetividade da mulher negra, se faz através de abordagens características, segundo Duke:

> Essas escritoras se comprometem com temáticas que, geralmente, orgulham-se em navegar contraditoriamente; que desafiam a maior parte dos princípios e expectativas de comportamento social e que insistem em enfatizar certas convicções que ameaçam formas culturais de ser que a sociedade brasileira tem se acostumado a associar à mulher afrodescendente. A sua arte quer desmantelar a estrutura hegemônica que mantém o atual sistema de representação problemática em seu devido lugar, ao mesmo tempo em que prefere celebrar qualquer expressão estética ou ideológica que deseje revelar sua resistência e indignação a formatos e caracterizações superficiais ou limitados. (DUKE, 2016: 14)

Nesse sentido de confirmar os contornos de uma poesia dissidente, Lívia Natália define a literatura negro-feminina "como instituidora de uma rasura teórica necessária no campo da Teoria da Literatura"[22]. Stuart Hall, lendo Derrida, fala de conceitos sob rasura, em que teorias ocidentais são submetidas a uma crítica radical, sem que, no entanto, sejam abolidas ou abandonadas de todo, pois os termos desta teoria "permanecem os únicos instrumentos conceituais ou ferramentas para se pensar o presente – mas somente em sua forma desconstruída" (HALL, 2013:132). Corrobora com esta visão a leitura de Duke, que fala da "necessidade

---

[22] Disponível em http://www.letras.ufmg.br/literafro/artigos/artigos-teorico-conceituais/154-livia-maria-natalia-de-souza-santos-poeticas-da-diferenca Acessado em abril de 2019.

de promover um processo de reestruturação histórico-literária da escritura afrofeminina no Brasil e o primeiro passo seria gerar maior apreciação de valor dessa herança literária" (2016: 15).

Encontrando esta mesma linha de contorno, Conceição Evaristo entende a literatura negro-feminina como um ato de insubordinação:

> Escrever pressupõe um dinamismo próprio do sujeito da escrita, proporcionando-lhe a sua auto-inscrição no interior do mundo. E, em se tratando de um ato empreendido por mulheres negras, que historicamente transitam por espaços culturais diferenciados dos lugares ocupados pela cultura das elites, escrever adquire um sentido de insubordinação. (EVARISTO, 2007: 21)

Para Tatiana Nascimento, que se dedica a pensar nos textos escritos por lésbicas negras, incluindo ela mesma, a insubordinação se revela em textos-espelhos que propiciam o autoconhecimento, a criação de subjetividade e a formação de comunidade. Na passagem a seguir, ela fala da tradução de textos de intelectuais negras lésbicas:

> ... Esses são textos em que me miro ou mirei pra entender melhor a mim mesma, e de certa forma ir me constituindo enquanto sujeita. Textos como espelhos. Oxum, a orixá que reina nas águas doces correntes (rios, cachoeiras, fontes, córregos...), carrega consigo um espelho, o abebé. Muitas vezes ela é chamada, por isso, de vaidosa. Diferentemente dessa leitura tradicional, na qual o espelho é associado a vaidade e beleza física, proponho a compreensão desse espelho como fonte de autoconhecimento e reconhecimento, onde uma se mira para mais se compreender. (NASCIMENTO, 2014: 16)

A metáfora do abebé de Oxum, desenvolvida por Tatiana Nascimento em sua tese de doutoramento em tradução, fala do poder dos textos produzidos por mulheres negras quando lidos por mulheres negras: o de formular imagens da mulher negra como "sujeita" complexa e em contradição com estereótipos estagnados. A flexão para o gênero feminino do substantivo "sujeito", interditada no funcionamento da norma padrão da língua portuguesa[23], é um modo da poeta ver-se refletida em sua língua materna. Para fazer da língua portuguesa abebé, é preciso voltar-se contra a ideologia impregnada no código linguístico, do masculino como representante do universal, recriando este mesmo código de modo a permitir que nele ecoem outros discursos e vozes. Grada Kilomba, em comentário à tradução para língua portuguesa de seu livro *Plantation memories, episodes of everyday racism*, escrito em inglês, fala dessa singularidade da língua portuguesa, sua língua materna, na qual a palavra "sujeito" é reduzida ao gênero masculino, sem permitir variações para o gênero feminino e para o não binarismo LGBTQI+. Ela analisa que "É importante compreender o que significa uma identidade não existir na sua própria língua, escrita ou falada, ou ser identificada como um erro. Isso revela a problemática das relações de poder e violência na língua portuguesa, e a urgência de se encontrarem novas terminologias. Por esta razão, opto por escrever este termo em itálico: sujeito". (KILOMBA, 2019: 15). Considerada esta problemática, me permitirei usar, como faz Tatiana Nascimento, o substantivo "sujeita" em alguns momentos desta tese.

Como dizia Gloria Anzaldúa em sua carta para as mulheres escritoras do terceiro mundo: "o ato de escrever é um ato de criar

---

[23] A forma "sujeita" é reconhecida pela norma padrão da língua portuguesa como adjetivo e verbo. Assim, não é considerado incorreto dizer que "ela está sujeita" ou que "alguém sujeita outras pessoas". Ficam evidentes nestas formas os sentidos de estar subjugada/o ou de subjugar outrem.

alma, é alquimia. É a busca de um eu, do centro do eu, o qual nós mulheres de cor somos levadas a pensar como "outro" — o escuro, o feminino. Não começamos a escrever para reconciliar este outro dentro de nós?" (ANZALDÚA, 2000: 232). O texto-espelho cria representatividade, reconhecimento e autoconhecimento, possibilitando o entendimento de si desde um ponto de vista autocentrado. Como diz Tatiana Nascimento em poema de *Lundu*, "minha boca era abebe de me espelhar no oco do mundo" (NASCIMENTO, 2017: 38).

Assim, a escrita negro-feminina revela uma mulher que busca construir uma imagem de si liberada das determinações e violências do racismo, do sexismo e das desigualdades sociais, uma escrita para "sair do quarto de despejo", conforme leitura da poeta Esmeralda Ribeiro. A autora interpreta o título da obra *Quarto de despejo*, de Carolina Maria de Jesus, como um conceito no qual o sentimento de exclusão decorrente do preconceito racial e social se materializa em imagem:

> A palavra 'quarto', metaforicamente, nos dá a compreensão de que estamos falando do nosso íntimo, algo muito profundo que, muitas vezes, é desafiante expormos no papel. Agora, quando temos a palavra 'quarto' com a palavra 'despejo', a situação caminha para um complicador; é como se disséssemos que estamos desalojadas do nosso próprio 'eu'. (apud DUKE, 2016: 157)

Assim, para Esmeralda Ribeiro, a escrita negra-feminina é um recurso que as mulheres negras têm para romper com a condição de desapropriação de si, sendo, por isso, um caminho para o autoconhecimento e a autodeterminação.

Os espelhos de água doce unem as poéticas das três poetas em apreciação, que com frequência fazem referência à Oxum, orixá do amor, da beleza e da maternidade, ligada à fertilidade e à criação. "Meu rosário é feito de contas negras e mágicas./ Nas contas de meu rosário eu canto Mamãe Oxum" (EVARISTO, 2017: 43), escreve Conceição Evaristo no poema "Meu Rosário". Em outro texto, um ensaio, Conceição se refere à imagem das Yalodés para tratar dos movimentos de resistência das mulheres negras africanas e da diáspora, conceito cunhado por Jurema Werneck: "Ialodê, explica Werneck, palavra de origem iorubá, é uma das nomeações de Oxum, orixá feminino da teogonia Nagô, transplantada para o Brasil. É também uma alusão às mulheres que se tornam 'emblemáticas por suas lideranças políticas femininas de ação urbana.'" (apud DUKE, 2016: 110).

Oxum está ligada, ainda, à comunicação; na mitologia Iorubá, "mesmo depois de nascida a criança, até ela não estar dotada de razão e não estar falando alguma língua, o desenvolvimento e a obtenção de sua inteligência estariam sob o cuidado de Òsun." (SANTOS, 2012: 91). No território da linguagem, ela domina o conhecimento do jogo de búzios, aprendido após uma negociação com Exú e Oxalá. Oxum é o símbolo do feminino que impera nestas poéticas. Associada ao sangue menstrual e ao útero, é a orixá geradora que rege estas poéticas em que vida e escrita não se dissociam.

Lívia Natália, em entrevista, fala de uma "gramática de Oxum", que rege a sua poesia e seu modo de ser identificado com as águas: "Essa gramática que Oxum constrói me constitui muito: o silêncio, essa coisa de mergulhar e ninguém saber o que tem lá por dentro."[24] Essa mirada autorreflexiva, voltada para o interior, dá o tom de

---

[24] Disponível em https://www.geledes.org.br/livia-natalia-venci-resistencia-escrever-sobre-o-amor/. Acessado em janeiro de 2019.

escritas de si, de viés autobiográfico, que ao produzirem imagens de si, produzem autodeterminação e espelho para que outras mulheres negras possam se reconhecer enquanto sujeitas. Desse modo inscreve-se um duplo movimento, côncavo e convexo, de dobrar-se numa investigação de si e de abrir-se em um arco comunitário, onde mulheres negras podem produzir suas subjetividades de maneira diversa e distinta. Renato Noguera, ao fazer uma leitura da orixá das águas doces, ressalta que a mirada de Oxum ao espelho não limita-se à egolatria. O filósofo narra o itan em que Iansã, irritada com Oxum, tenta atacá-la com sua espada. Oxum, que banhava-se na beira do rio, viu através do abebé a aproximação de Iansã e, lembrando dos conselhos de Obatalá, usou a luz do sol para cegar sua rival e escapar do ataque. Renato Noguera faz a seguinte interpretação do itan:

> Oxum não usou o espelho somente para enxergar a si própria. Ela usou o espelho para refletir sobre o que estava ao seu redor. Assim, descobriu e se livrou dos perigos que a rondavam. Em outras palavras, o espelho deve ser um instrumento de intervenção na realidade, nunca pode ser uma ferramenta de intensificação do ego. Oxum ensina que a mulher pode usar o símbolo da vaidade como uma possibilidade de entrar na realidade de superação dos obstáculos. (NOGUERA, 2017: 94)

Assim, contribuo com os estudos de literatura negro-feminina através da leitura da obra das três poetas contemporâneas – Conceição Evaristo, Lívia Natália e Tatiana Nascimento – postas em diálogo. Farei uma leitura comparativa de poemas, estabelecendo eixos temáticos transversais às três obras com o objetivo de: 1) identificar a produção de episteme afro-diaspórica elaborada desde o lugar de fala de mulher negra; 2) destacar recursos formais que caracterizam estéticas híbridas afro-diaspóricas; 3) demonstrar como as obras das autoras criam quilombos simbólicos (espaços de resistência cultural e valorização da herança africana, segundo Beatriz Nascimento) na literatura brasileira. As poetas constroem imagens do feminino que se diferenciam das imagens que circulam na literatura contemporânea produzida por mulheres brancas, o que será de interesse também destacar: que feminino é esse presente nas poéticas de Conceição Evaristo, Lívia Natália e Tatiana Nascimento? Encruzilhando a construção do feminino com o aquilombamento, pergunto: que imagens ancestrais do feminino estes poemas atualizam e transformam em formas de existência e combate ao epistemicídio? Essas são perguntas guias para minha explanação dos poemas. A seguir, desenvolvo dois capítulos organizados pelos seguintes eixos temáticos: a) memória e ancestralidade; b) amor e afetividade.

Sobre o aspecto feminino destas escritas, Lívia Natália problematiza a noção de "poesia de gênero", colocando que

> ... Algumas mulheres, sobretudo a partir dos anos 80, começaram a deslocar o centro onde o sujeito poético estava muito fincado. (...) A defesa aqui é de uma escrita feminina no sentido de que traz, para a cena lírica, o universo da mulher não apenas como tema, mas como opção estética, como uma espécie de gramática poética[25].

Como a poesia negro-feminina abarca poéticas em que a mulher negra está no lugar de enunciação, deve-se atentar para o exercício da autoria na criação de uma voz própria, o que é articulado no nível da linguagem. Minha investigação, portanto, estará atenta não só aos temas, mas também à modelagem da língua, própria de cada autora, na construção de subjetividades-mulheres-negras

---

[25] Idem.

através da palavra. Nesse sentido, convém trazer a imagem de falar através da máscara, a que Conceição Evaristo se refere em entrevista:

> Aquela imagem de escrava Anastácia (aponta pra ela), eu tenho dito muito que a gente sabe falar pelos orifícios da máscara e às vezes a gente fala com tanta potência que a máscara é estilhaçada. E eu acho que o estilhaçamento é o símbolo nosso, porque a nossa fala força a máscara.[26]

A língua que sai através dos orifícios da máscara branca, colonial, é uma língua diaspórica, alterada pelo trânsito entre a língua do colonizador e a(s) língua(s) ancestral(is), cuja sintaxe se constrói nos intervalos e translados, repressões e mergulhos na memória de línguas e culturas que se imiscuíram à dominante para sobreviverem e darem seu testemunho. Uma língua híbrida e mestiça. É desta sintaxe que sai a força que estilhaça e faz ceder a "máscara do silenciamento", como se refere Grada Kilomba ao instrumento de tortura e coação com o qual Anastácia é retratada no início do século XIX (figura 1). O efeito simbólico desta máscara, que se perpetua até os dias de hoje através do epistemicídio e de outras tecnologias de dominação, advém de "uma peça muito concreta, um instrumento real que se tornou parte do projeto colonial europeu por mais de trezentos anos. Ela era composta por um pedaço de metal colocado no interior da boca do sujeito negro, instalado entre a língua e o maxilar e fixado por detrás da cabeça por duas cordas, uma em torno do queixo e a outra em torno do nariz e da testa" (KILOMBA, 2019, 33). Mortificadora da boca, órgão onde se articulam o saber e o sabor das palavras e dos alimentos, a máscara prendia e pesava sobre a cabeça, parte do

---

[26] Disponível em https://www.cartacapital.com.br/sociedade/conceicao-evaristo-201cnossa-fala-estilhaca-a-mascara-do-silencio201d Acessado em abril de 2019.

corpo que, na tradição iorubá, hospeda a divindade pessoal que todo indivíduo carrega, o *orí*, a cabeça espiritual que torna cada pessoa única. A tradição popular reconhece essa divindade em Anastácia, sendo cultuada como santa curadora no catolicismo e também nas religiões de matriz africana. De acordo com Grada Kilomba, Anastácia morre de tétano, ocasionado pela máscara e pelo colar de ferro ao redor do pescoço. Estilhaçar as máscaras literais e simbólicas que continuam a oprimir e desrespeitar os *orís* de pessoas negras é uma tarefa fundamental para reparar as violências coloniais e possibilitar que estes sujeitos tenham uma vida plena. Esta reparação é mais do que necessária. O artista visual e escritor Yhuri Cruz realiza este gesto reparador na obra "Monumento à voz de Anastácia" (2019), em que o sorriso toma o lugar da máscara colonial, tornando a expressão facial de Anastácia suave e bela, dotada de humanidade (figura 2). Muitos/as intelectuais negros/as têm se imbuído da tarefa de descolonizar cabeças e bocas, reparando as feridas criadas pelo racismo secular.

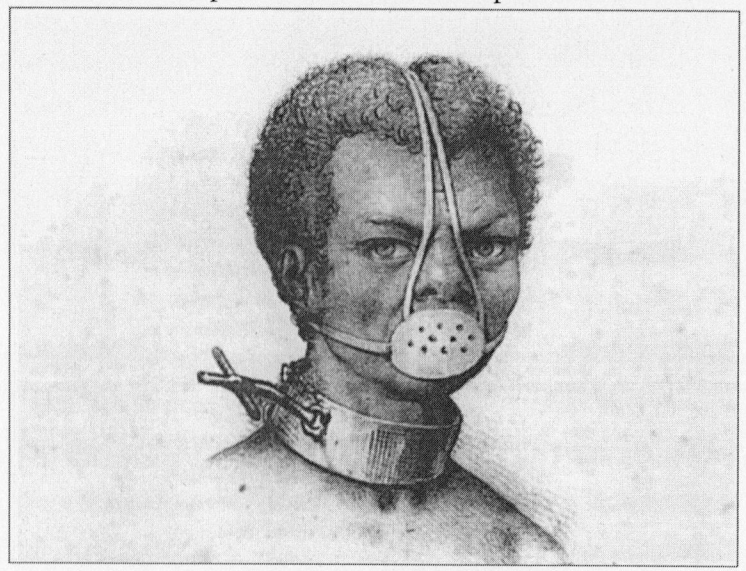

Figura 1: Retrato da "Escrava Anastácia" (início do século XIX), de Jacques Arago.

Anastácia Livre

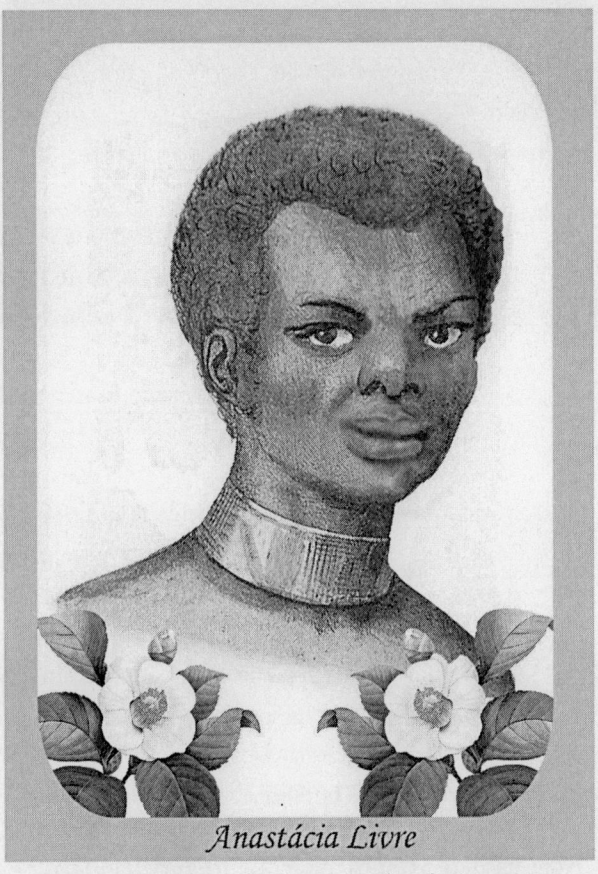

Figura 2: "Monumento à voz de Anastácia" (2019), Yhuri Cruz.

A língua diaspórica que trinca e quebra a máscara, cuida em reunir e recombinar os pedaços de si para reconstruir a mirada de um rosto humano. Ontem e ainda hoje, contemporaneamente. Em entrevista, Tatiana Nascimento fala do que motiva a sua escrita, lida pela entrevistadora como uma estética "quebrada", de ruptura com a palavra: "Me interessa romper com a escrita burguesa"[27]. A esse uso diaspórico da língua a socióloga Lélia Gonzales chamou *pretuguês*:

---

[27] Programa "Tirando de Letra: Lundu" (2016). Disponível em https://www.youtube.com/watch?v=o7k-zmuMauU&t=750s Acessado em junho de 2019.

É engraçado como eles gozam a gente quando a gente diz que é, Framengo. Chamam a gente de ignorante dizendo que a gente fala errado. E de repente ignora que a presença desse r no lugar do l, nada mais é que a marca linguística de um idioma africano, no qual o l inexiste. Afinal, quem é o ignorante? Ao mesmo tempo, acham o maior barato a fala dita brasileira, que corta os erres dos infinitivos verbais, que condensa você em cê, o está em tá e por aí afora. Não sacam que tão falando pretuguês.

E por falar em pretuguês, é importante ressaltar que o objeto parcial por excelência da cultura brasileira é a bunda (esse termo provém do quimbundo que, por sua vez, e juntamente com o ambundo, provém do tronco linguístico bantu que 'casualmente' se chama bunda). E dizem que significante não marca... Marca bobeira quem pensa assim. De repente bunda é língua, é linguagem, é sentido, é coisa. De repente é desbundante perceber que o discurso da consciência, o discurso do poder dominante, quer fazer a gente acreditar que a gente é tudo brasileiro, e de ascendência europeia, muito civilizado, etc e tal. (GONZALES, 1984: 238)

Acredito que as gramáticas poéticas criadas pelas poetas em questão se movimentam dentro deste pretuguês, cada uma com seu estilo, tomando-o como um marcador discursivo que sinaliza o lugar de fala afro-diaspórico e o lugar de combate ao epistemicídio. O pretuguês se corporifica na escrita pela estilização de recursos da oralidade e pelo emprego de vocabulário ou expressões de origem banto, jeje ou nagô, muitas vezes relacionado a divindades ou rituais do candomblé. Outro elemento formal que une as três poéticas é o exercício do que Conceição Evaristo nomeia "escrevivência", um modo de no manuseio da arte perseguir o manuseio da vida (EVARISTO, 2017: 110), uma conjunção de arte e vida que reivindica o direito de inventar a própria subjetividade através da escrita, o que marca um posicionamento político na literatura-vida:

> Pode-se dizer que os textos femininos negros, para além de um sentido estético, buscam semantizar um outro movimento, aquele que abriga toda as suas lutas. Toma-se o lugar da escrita, como direito, assim como se toma o lugar da vida (...)" (2005: 7); "A nossa escrevivência não pode ser lida como histórias para 'ninar os da casa grande' e sim para incomodá-los em seus sonos injustos. (EVARISTO, 2007: 21)

Tatiana Nascimento, em entrevista, diz "poesia pra mim é mais que ... é um jeito de estar no mundo mesmo, e não tem só a ver com uma coisa burguesa do eu-lírico, tem a ver com ser uma lésbica preta na diáspora e vir de uma história de resistência ao silenciamento heteropatriarcal e racista. Entender que poesia é ponte de conexão entre as pessoas na diáspora."[28] Um outro modo de definir escrevivência, colocando-a sob o signo de uma coletividade negra formadora de quilombos.

Pontuados estes elementos orientadores da abordagem crítica, faço um perfil das poetas, comparando suas trajetórias de vida e profissionais, a fim de conceber melhor seus lugares de fala. Também justifico a escolha destas poetas em específico dentre as muitas mulheres negras contemporâneas que escrevem, publicam e performam em blogues, livros, zines, saraus e slams.

---

[28] Programa "Tirando de Letra: Lundu" (2016). Disponível em https://www.youtube.com/watch?v=o7k-zmuMauU&t=750s Acessado em fevereiro de 2019.

3. Poetas contemporâneas negras e a produção de episteme afro-diaspórica

3.1. Apresentação do corpus de poetas: Conceição Evaristo, Lívia Natália e Tatiana Nascimento.

Para começar, era importante para mim escolher poetas que trouxessem uma diversidade regional, já que muitas vezes as obras de maior circulação e recepção crítica são de autores do eixo Rio-São Paulo. Maria da Conceição Evaristo de Brito é mineira de Belo Horizonte, apesar de viver no Rio de Janeiro desde 1973; Lívia Natália de Souza Santos é baiana, de Salvador; e Tatiana Nascimento dos Santos é brasiliense, do Distrito Federal. Elas pertencem a gerações diferentes, o que é interessante no sentido de estabelecer aproximações e delinear diferenças: Conceição Evaristo nasceu em 1946, Lívia Natália em 1979 e Tatiana Nascimento, em 1981. Conceição Evaristo, aos 72 anos, é a poeta mais velha e de obra mais reconhecida, sendo uma referência tanto para Lívia Natália quanto para Tatiana Nascimento.

Apesar do maior tempo de vida e escrita, Conceição começa a publicar seus poemas e contos apenas em 1990, nos Cadernos Negros. Seu primeiro livro *Ponciá Vicêncio*, um romance, é de 2003. Depois ela publica os livros de prosa *Becos da Memória* (2006), Insubmissas lágrimas de mulheres (2011), *Olhos D'água* (2014,

Prêmio Jabuti 2015), *Histórias de leves enganos e parecenças* (2016). *Becos da Memória* e *Ponciá Vicêncio* foram traduzidos para o francês e inglês, respectivamente. O livro que reúne sua poesia é o *Poemas da recordação e outros movimentos*, publicado pela primeira vez em 2008 pela editora Nandyala, reunindo poemas já publicados nos Cadernos Negros e outros inéditos. Na nova edição deste livro, lançado em 2017 pela editora Malê, a poeta acrescenta novos poemas. Em 2019, é lançada uma edição bilíngue português/francês deste livro no Salão do Livro de Paris.

Lívia Natália tem cinco livros de poema publicados: *Água negra* (2011 – Prêmio Banco Capital), *Correntezas e outros estudos marinhos* (2015), *Água negra e outras águas* (2017), *Dia bonito pra chover* (2017 – Prêmio APCA), *Sobejos do Mar* (2017). A autora também lançou um livro de poesia para crianças, "As aventuras fantásticas de Lili" (2018).

Tatiana Nascimento faz circular muitos de seus poemas em seu blog "Palavra, Preta", em redes sociais e zines. Tem quatro livros publicados pela editora artesanal Padê, fundada pela própria Tatiana e pela poeta Bárbara Esmênia: *Lundu,* (2016), *mil994* (2018), *Oriki de amor selvagem: todos os poemas de amor preto (ou quase)* (2020) e *leve sua culpa branca pra terapia* (2019), este último um ensaio. Em 2019, publicou o livro de poemas *07 notas sobre o apocalipse ou poemas para o fim do mundo*, pela editora Garupa e ksa1, e *cuírlombismo literário: poesia negra LGBTQI desorbitando o paradigma da dor*, um ensaio, pela editora n-1. A poeta, que é também cantora, faz muitas experimentações de suporte para o poema, se valendo de recursos audiovisuais como a musicalização, a produção de vídeos e performances. Tatiana Nascimento produz alguns eventos de promoção e visibilização da poesia feita por mulheres negras e

LGBTQI+, como o "Palavra Preta – Mostra Nacional de Negras Autoras"; o "quanta!", série de música e poesia de artistas mulheres no DF; o "Semilla Feyra de publicadoras" e o "Slam das minas DF", primeira batalha de poesia falada exclusiva para mulheres e lésbicas no Brasil. Ela publica traduções de textos de intelectuais negras e lésbicas ("escritas negras/de cor feministas lésbicas cuíer/queer", segundo a autora) no site traduzidas.wordpress.com.

As três artistas têm origem popular, o que é bastante significativo para a constituição de seus lugares de fala. Conceição viveu a infância e juventude na extinta favela do "Pendura Saia" e posteriormente migrou para o Rio de Janeiro. Lívia Natália cresceu em Itapuã, bairro de Salvador. Tatiana Nascimento viveu no Núcleo Bandeirante, primeira cidade-satélite a ser ocupada pelos "candangos" durante a construção de Brasília. Apesar das dificuldades, todas fizeram formação universitária em Letras, concluindo graduação e pós-graduação até obterem o título de doutoras. Cumpriram suas formações em universidades públicas federais, com exceção do mestrado de Conceição Evaristo, concluído na PUC Rio. Tatiana Nascimento ingressa na graduação na UNB através da política de cotas. Listo aqui os títulos das dissertações e teses, que dão dimensão de parte de suas atuações no meio universitário: *Literatura Negra: uma poética da nossa afro-brasilidade* (PUC Rio – 1996) e *Poemas Malungos – Cânticos Irmãos* (UFF – 2011), da autoria de Conceição Evaristo; *A pedagogia da Ausência e outras ensinanças: Judith Grossmann e a cena da escritura* (UFBA – 2005) e *A Pedagogia Franqueada; Judith Grossmann e a cena Teórico-crítica do PPGLL do Instituto de Letras* (UFBA – 2008), da autoria de Lívia Natália; *Letramento e tradução no espelho de Oxum:*

teoria lésbica negra em auto/re/conhecimentos (UFSC – 2014), da autoria de Tatiana Nascimento, que teve seu mestrado promovido a doutorado durante o exame de qualificação.

Os títulos dos trabalhos de Conceição Evaristo e Tatiana Nascimento revelam algo que atravessa as três poetas: uma atuação acadêmica dedicada à discussão de um cânone excludente na literatura e à valorização da autoria negra. Como professora adjunta de Teoria Literária da UFBA, Lívia Natália coordena desde 2012 o grupo de pesquisa "Corpus dissidente: a Teoria da Literatura e as Demandas da Diferença nas negropoéticas da literatura brasileira contemporânea", tendo realizado diversas outras intervenções que elegeram as obras de autores e autoras negras como objeto de pesquisa. Iniciou em 2017 um pós-doutorado na UNB, em que busca definir o conceito de intelectual negra no Brasil contemporâneo, ampliando o escopo da pesquisa para outras áreas do saber que não só a literatura, em diálogo com os estudos culturais. Em entrevista à editora Organismo, Lívia Natália fala sobre o lugar que ocupa na universidade:

> Eu sou a primeira professora negra do meu setor desde 1966. Eu sou vista pelas minhas colegas, apesar de haver um respeito pelo meu perfil intelectual, porque elas sabem que aí não se brinca... existe um desrespeito muito grande pelo que eu estudo. Muitos acham que eu estou usando a minha intelectualidade prum lugar errado... que eu seria muito mais eficiente se eu estivesse estudando literatura tradicional, por exemplo; que eu teria muito mais força no que eu faço se eu estudasse cânone. Então, não é mais fácil. Ser uma intelectual negra não é fácil em nenhum lugar do mundo[29].

---

[29] Programa "#selfiepoesia", publicado em 20 de maio de 2016. Disponível em https://www.youtube.com/watch?v=g7glgE41pwg&t=776s. Acessado em fevereiro de 2019.

As poetas mantém uma relação com a universidade como docentes, Conceição Evaristo como professora convidada em várias instituições brasileiras e estrangeiras, Tatiana Nascimento como professora voluntária na UNB, aliando o exercício das aulas com a militância. Nas palavras de Conceição Evaristo, em entrevista à pesquisadora Bárbara Araújo,

> Quem dita o cânone com certeza não é o pobre, não é o negro, não é o índio, não é a mulher, entende? Então eu acho que essas vozes, elas são necessárias dentro do espaço acadêmico pra gente até tornar essa academia realmente mais democrática, onde todos saberes serão considerados importantes, serão assumidos com a mesma receptividade[30].

Assim, acredito que as atuações dessas mulheres na poesia e na academia se dão de modo paralelo e complementar, ambas guiadas pela elaboração de um pensamento descolonizador, que cria saídas e desvios do epistemicídio. Nessas duas frentes de trabalho, dois campos da escrita postos em diálogo, essas poetas-intelectuais, intelectuais-poetas, usam a palavra para produzir pensamento, epistemes afro-diaspóricas, afirmando subjetividades que partem do lugar de fala de mulheres negras, criando recepção crítica e meios de legitimação para a literatura negra. Entendo a obra poética das autoras como parte integrante de suas vidas e trajetórias intelectuais, já que nos poemas há a elaboração de pensamento dissidente, que faz circular epistemologias contra-hegemônicas.

bell hooks, em ensaio sobre as intelectuais negras, traz à tona as interdições que dificultam o exercício da intelectualidade pelas

---

[30] Disponível em https://www.encontro2012.historiaoral.org.br/resources/anais/3/1340393199_ARQUIVO_TextocompletoENHO.pdf Acessado em fevereiro de 2019.

mulheres negras, que precisam romper com os diversos estereótipos que restringem suas vidas à repetição de lugares subalternos, como os de empregada doméstica, mãe preta e mulata sensual. A pensadora afro-americana distingue o ser acadêmica do ser intelectual, visto que entende a intelectualidade como algo que ultrapassa o simples lidar com ideias, caracterizando-se pela capacidade autoral de levá-las ao limite, sendo, por isso, transgressora, criativa e propositiva (HOOKS, 1995). As mulheres negras exercerem a intelectualidade significa fazerem valer o direito de viver mais plenamente suas capacidades, o que não implica o distanciamento da comunidade negra ou o embranquecimento. É de extrema importância que se dê o contrário. Nas palavras de bell hooks,

> Sem jamais pensar no trabalho intelectual como de algum modo divorciado da política do cotidiano, optei conscientemente por tornar-me uma intelectual, pois era esse trabalho que me permitia entender minha realidade e o mundo em volta, encarar e compreender o concreto. Essa experiência forneceu a base de minha compreensão de que a vida intelectual não precisa separar-nos da comunidade, mas antes pode capacitar-nos a participar mais plenamente da vida da família e da comunidade (1984:466).

As poetas em questão assumem o lugar de intelectuais e o compromisso com a comunidade negra, o que fica indelével em seus poemas. O contato mais intenso com uma formação ocidentalizada, resultante dos muitos anos de escolarização, não fez com que abrissem mão de suas negritudes, como muitas vezes acontece com universitárias e universitários negro-brasileiros que ascendem socialmente por esta via. É pela apropriação da tradição e linguagem eurocentradas que as poetas criaram, cada uma de um jeito singular, modos de "tornar-se mulher negra" através da escrita, ou modos de pôr a escrita em diáspora, em estado de trânsito entre culturas. Tatiana Nascimento aponta para esta necessidade de reinvenção de referenciais epistêmicos na tradução do ensaio escrito em 1984 por Audre Lorde, "The Master's Tools Will Never Dismantle the Master's House". Tatiana traduz o título do ensaio como "As ferramentas do sinhô nunca vão derrubar a casa-grande"[31], trazendo para primeiro plano os lugares de poder coloniais e a perspectiva de insubordinação a este poder, que se dá através de estratégias de desconstrução da casa grande, que continua erguida e funcionando no imaginário brasileiro e nas relações entre brancos e não brancos no Brasil.

Em entrevista, Lívia Natália fala a respeito da estilização de referenciais canônicos em sua escrita:

> Uma das coisas que sei é que a minha poesia ecoa, justamente, porque estou dentro de uma lógica estética que é branca, e etnocêntrica. Até por conta da minha formação como leitora. E eu não rechaço isso. Li Bandeira, Cecília, Clarice, Pessoa... Há uma literatura ocidental etnocêntrica que foi a literatura onde fui afetivamente criada. (...) Então, sei que muitas pessoas brancas gostam do meu texto porque sentem um ressoar daquilo que estão acostumados a ler. Não vou dizer que me é desconfortável acionar essas referências de leitura no momento em que escrevo. Ao mesmo tempo, é *um jogo duplo* para o leitor: enquanto lê dentro de uma estética etnocêntrica, imerge num corpo discursivo extremamente negro. (grifo meu)[32]

---

[31] Disponível em https://traduzidas.wordpress.com/. Acessado em fevereiro de 2019.
[32] Disponível em https://www.geledes.org.br/livia-natalia-venci-resistencia-escrever-sobre-o-amor/. Acessado em fevereiro de 2019.

Ecoar e ressoar dentro de uma lógica estética canônica que, no entanto, é deslocada e alterada por um "corpo discursivo extremamente negro", que vibra segundo o timbre de uma outra tradição, outras memórias culturais e corporais que recriam língua e episteme colonizadoras. Ocorre aqui a imagem do sincretismo, que foi uma estratégia largamente utilizada pelos africanos na diáspora para fazerem sobreviver parte de suas culturas e saberes de origem. O que Lívia Natália chama de "jogo duplo", que não permite separar completamente a estética etnocêntrica do corpo discursivo negro, aponta para o que Stuart Hall chama de "lógica da tradução cultural", que perturba os binarismos e impossibilita pensar em polos culturais puros: "É precisamente esta 'dupla inscrição' – que rompe com as demarcações claras que separam o dentro/fora do sistema colonial, sobre as quais as histórias do imperialismo floresceram por tanto tempo" (HALL, 2013: 119). Ainda nesse sentido, Leda Martins afirma que

> A cultura negra nas Américas é de dupla face, de dupla voz, e expressa, nos seus modos constitutivos fundacionais, a disjunção entre o que o sistema social pressupunha que os sujeitos deviam dizer e fazer e o que, por inúmeras práticas, realmente diziam e faziam. Nessa operação de equilíbrio assimétrico, o deslocamento, a metamorfose e o recobrimento são alguns dos princípios e táticas básicos operadores da formação cultural afro-americana (...) Nas Américas, as artes, ofícios e saberes africanos revestem-se de novos e engenhosos formatos. Como afirma Soyinka (1996: 342), sob condições adversas as formas culturais se transformam para garantir a sua sobrevivência. (MARTINS, 2003: 69)

Essa "disjunção" que se expressa no movimento tradutório está presente nas três poetas, que vivenciam hoje algum reconhecimento institucional e que usam o livro como suporte, ainda que não exclusivo, para o poema. Apesar das poetas trabalharem com as palavras na página, é muito decisiva em suas linguagens o trânsito entre o oral e o escrito, que traz para o objeto livro referenciais de uma tradição cultural mnemônica. A seguir, faço leitura dos poemas, estabelecendo diálogo entre as autoras.

3.2. A ancestralidade e a construção de poéticas afrocentradas

A poeta e professora Leda Maria Martins, ao tratar da literatura produzida por autoras negro-brasileiras, delineia uma operação comum, observada em diferentes obras:

> Em versos e prosa, a própria memória de nosso país se reescreve, pontilhada nas frestas e nos retalhos de uma escritura que se insubordina contra o lugar-comum da repetição estereotípica, almejando uma edição nova não apenas do discurso literário, como também da própria história social e cultural ali caligrafada. (MARTINS, 2007: 72)

A tarefa de reescrever, reconfigurar, reordenar a memória é assumida pelas poetas Conceição Evaristo, Lívia Natália e Tatiana Nascimento. Em suas obras, a memória surge como construção simbólica e política, que escolhe inscrever subjetividades silenciadas e trazer à tona concepções de mundo descentradas dos estereótipos produzidos pelo olhar eurocêntrico e pela herança colonial. Neste âmbito de construção de uma memória em que os negro-brasileiros sejam sujeitos de suas histórias, chama a atenção nos poemas destas autoras a elaboração de uma concepção de tempo fluída, circular e não linear, herdada dos povos africanos. Contra esta experiência do tempo, a violência colonial atuou cruelmente. Sobre as tentativas de apagamento de tempos e subjetividades não-brancos e não europeus, fala o filósofo camaronês Achille Mbembe:

> A violência colonial era, por fim, uma violência 'fenomênica'. Nesse sentido, afetava tanto os domínios sensoriais quanto os domínios psíquico e afetivo. (...) Atingindo o tempo, um dos principais enquadramentos mentais de qualquer subjetividade, fazia com que os colonizados corressem o risco de perder o recurso a quaisquer vestígios mnemônicos, justamente aqueles que permitiam 'fazer da perda algo além de um abismo hemorrágico'. Uma das suas funções era não somente esvaziar o passado do colonizado de qualquer substância, mas, pior ainda, precluir seu futuro. (...) Sua psiquê não era poupada, já que a violência visava nada mais nada menos que a sua descerebração. (MBEMBE, 2018: 285)

A violência contra a concepção de tempo dos povos de África visava atingir as subjetividades de mulheres e homens transformados em objeto e em mercadoria. Este apagamento epistêmico tinha como objetivo a "descerebração", ou seja, a fabricação de um ser racial intelectualmente inferior e incapaz de pensar, um ser que não é humano. Como aponta Mbembe, atingir o tempo é atingir a memória dos africanos, as suas raízes culturais e seus vínculos com as suas comunidades. Conforme aponta Sebastião Rodrigues Alves, "A primeira medida do escravagista, direta ou indiretamente, era produzir o esquecimento do negro, especialmente de seus lares, de sua terra, de seus deuses, de sua cultura, para transformá-lo em vil objeto de exploração" (apud NASCIMENTO, 2019: 110). Esta violência concentrada na dilaceração dos domínios psíquico e afetivo da/o africana/o escravizada/o tinha por objetivo introjetar nas subjetividades a dominação e a inferiorização em relação ao colonizador branco, apagando as referências ontológicas advindas de seu lugar e comunidade de origem.

Apesar de toda a tecnologia colonial de dessubjetivação das/os africanas/os traficadas/os, elas/eles preservaram memória, subjetividade e criatividade, ainda que os danos psíquicos decorrentes desta violência tenham deixado marcas profundas neles mesmos e em seus descendentes.

As mulheres negras, historicamente, desempenharam importante papel na inscrição de epistemologias afro-diaspóricas na cultura brasileira, recolhendo e alinhavando os fragmentos das culturas violentadas pelo tráfico intercontinental, sobrepondo esses retalhos de memória aos códigos da cultura do colonizador, o que permitiu que se criasse para o saber ancestral novos sentidos e possibilidades de sobrevivência. As religiões de matriz africana foram um recurso fundamental nesse sentido, já que "na diáspora, o espaço geográfico da África genitora e seus conteúdos culturais foram transferidos e restituídos no 'terreiro'" (SANTOS, 2012: 33). Segundo o professor Eduardo Oliveira,

> A ancestralidade, inicialmente, é o princípio que organiza o candomblé e arregimenta todos os princípios e valores caros ao povo-de-santo na dinâmica civilizatória africana. Ela não é, como no início do século XX, uma relação de parentesco consangüíneo, mas o principal elemento da cosmovisão africana no Brasil. (...) Posteriormente, a ancestralidade torna-se o signo da resistência afrodescendente. Protagoniza a construção histórico-cultural do negro no Brasil e gesta, ademais, um novo projeto sócio-político fundamentado nos

princípios da inclusão social, no respeito às diferenças, na convivência sustentável do Homem com o Meio-Ambiente, no respeito à experiência dos mais velhos, na complementação dos gêneros, na diversidade, na resolução dos conflitos, na vida comunitária entre outros.[33]

A poeta e prosadora Mel Adún fala sobre o papel ativo da mulher negra na comunidade: "A escolha da voz é feminina. Elas são contadoras de histórias, já que a religião de matriz africana no Brasil foi e é sustentada por elas. Com a presença dessas mulheres negras, contadoras de histórias oficiais ou não, a cultura africana sobreviveu no Brasil..." (apud DUKE, 2016: 84). Assumindo a função de griots, as poetas negras elaboram e reelaboram, através da escrita, a memória do povo negro baseadas na oralidade e em sua complexa gama de inscrições mnemônicas. Destaco, nos poemas, a presença de um princípio filosófico basilar da cosmogonia africana: a ancestralidade.

Para Leda Martins, a concepção de tempo africana abre "...um círculo fenomenológico no qual pulsa, na mesma contemporaneidade, a ação de um pretérito contínuo, sincronizada em uma temporalidade presente que atrai para si o passado e o futuro e neles também se esparge" (MARTINS, 2002: 85). Tal concepção é encontrada na Sankofa, o pássaro migratório que se volta para trás ao mesmo tempo em que se move para frente, um dos símbolos da escrita ideogrâmica Adinkra, criada pelos povos Akan, provenientes de Gana e da Costa do Marfim. A palavra Sankofa quer dizer "volte e pegue"; como ideograma, corresponde ao provérbio "se wo were fi na wo sankofa a yenkyi", traduzido como "se você

---

[33] Eduardo David de Oliveira. "Epistemologia da ancestralidade". Disponível em https://filosofia-africana.weebly.com/textos-diaspoacutericos.html Acessado em março de 2019.

esquecer, não é proibido voltar atrás e reconstituir" (NOBLES apud NASCIMENTO, 2009: 277). É o "símbolo da sabedoria de aprender com o passado para construir o futuro"[34]. Unindo passado, presente e futuro, a ancestralidade é um dos elementos que compõem uma experiência africana do tempo. O escritor queniano Ngugi Wa Thiong´o define a ancestralidade do seguinte modo:

> Nós que estamos no presente somos todos, em potencial, mães e pais daqueles que virão depois. Reverenciar os ancestrais significa, realmente, reverenciar a vida, sua continuidade e mudança. Somos filhos daqueles que aqui estiveram antes de nós, mas não somos seus gêmeos idênticos, assim como não engendraremos seres idênticos a nós mesmos. (...) Desse modo, o passado torna-se nossa fonte de inspiração; o presente, uma arena de respiração; e o futuro, nossa aspiração coletiva. (apud MARTINS, 2003)

A temporalidade descrita pelo autor estabelece uma continuidade entre diferentes tempos, organizados de modo não-linear. A continuidade não implica a homogeneidade ou a monotonia, já que a interação entre os tempos gera mudanças e alteridade. Unindo os diferentes tempos, uma res/ins/as-piração: um sopro de vida, "hálito – veículo existencial" (SANTOS, 2012: 48) criador de tudo o que há segundo a mitologia yorubá. Daí a reverência aos ancestrais ser uma reverência à própria vida e à sua fecundidade. O autor resgata os elos familiares entre mães, pais e filhos para restabelecer a interação entre presente, passado e futuro na ancestralidade, o que se diferencia radicalmente da lógica fragmentária e individualista do modo de vida ocidental. No

---

[34] Disponível em http://ipeafro.org.br/acervo-digital/imagens/adinkra/ Acessado em março de 2019.

emblemático poema "Vozes-mulheres", Conceição Evaristo remete à ancestralidade e à matrilinearidade, restabelecendo os laços entre os tempos e entre as mulheres:

Vozes-mulheres

A voz de minha bisavó
ecoou criança
nos porões do navio.
Ecoou lamentos
De uma infância perdida.

A voz de minha avó
ecoou obediência
aos brancos-donos de tudo.

A voz de minha mãe
ecoou baixinho revolta
no fundo das cozinhas alheias
debaixo das trouxas
roupagens sujas dos brancos
pelo caminho empoeirado
rumo à favela.

A minha voz ainda
ecoa versos perplexos
com rimas de sangue
e
fome.

A voz de minha filha
recorre todas as nossas vozes
recolhe em si
as vozes mudas caladas
engasgadas nas gargantas.

A voz de minha filha
recolhe em si
a fala e o ato.
O ontem – o hoje – o agora.
Na voz de minha filha
se fará ouvir a ressonância
o eco da vida-liberdade.

(CONCEIÇÃO, 2017: 24)

O poema conta uma história: a da diáspora africana. Ele torna audíveis ecos de vozes mudas caladas, sussurros e revoltas em voz baixa que não foram registrados pela História oficial do Brasil, mas que continuam a reverberar entre as/os afro-brasileiras/os. A primeira estrofe remete à temerosa viagem atlântica; os "porões do navio" são metonímia do tráfico negreiro e das péssimas condições a que foram submetidos as/os africanas/os, amontoadas/os nos porões em condições terrivelmente insalubres. Segundo Gizêlda Melo Nascimento, os porões do navio representam:

> A viagem infernal, a quebra com o elo primordial, a terra-mãe África. O corte do cordão umbilical dando-se não como um nascimento, mas como uma não-vida. O desenraizamento brutal e sem horizontes. (...) O porão dos tumbeiros, como isotopia do ventre, é representado como um ventre infértil e estéril, uma vez que dá à luz uma infância perdida. (apud NASCIMENTO, 2008: 60)

A bisavó, a voz-mulher mais velha, é uma sobrevivente da "Maafa", termo em língua Swuali cunhado pela antropóloga africanista Marimba Ani para falar do grande desastre que foi o terrorismo físico, psicológico e cultural, também chamado de holocausto africano. Segundo Wade W. Nobles,

> Marimba Ani (1994) introduz o conceito de *maafa* e o define como grande desastre e infortúnio de morte e destruição além das convenções e da compreensão humanas. Para mim, a característica básica da *maafa* é a negação da humanidade dos africanos, acompanhada do desprezo e do desrespeito, coletivos e contínuos, ao seu direito de existir. O *maafa* autoriza a perpetuação de um processo sistemático de destruição física e espiritual dos africanos, individual e coletivamente. (apud NASCIMENTO, 2009: 281)

Este poema de sobreviventes, condição partilhada por todas as mulheres desta linhagem, se coloca contra a destruição e desrespeito empreendidos pela *maafa*, contando a história da diáspora desde o ponto de vista de uma mulher negra que se reconecta com uma matrilinearidade negra e resgata a humanidade de suas e seus ancestrais, que não desapareceram de todo nem foram esquecidos. Assim, fazem parte desta história os "lamentos de uma infância perdida", a "revolta no fundo das cozinhas alheias", a perplexidade de "vozes mudas caladas/ engasgadas nas gargantas", que recuperam o direito de existir na memória das/os descendentes. Esta versão da história desmente a falsa imagem das/os africanas/os conformadas/os e coniventes com a própria escravização. Outro elemento que é restituído à história e à memória das/os negro-brasileiras/os e que o poema põe no horizonte é o futuro, o qual foi ameaçado pela colonização. Segundo Achille Mbembe,

> O que caracterizava as relações entre o senhor e seus escravos era acima de tudo o monopólio que o senhor pretendia ter sobre o futuro. Ser negro, e portanto escravo, era não ter futuro próprio, nenhum que fosse seu. O futuro do negro era sempre um futuro delegado, que ele recebia de seu senhor como uma dádiva, a alforria. Eis porque no cerne das lutas dos escravos estava invariavelmente a questão do futuro enquanto horizonte vindouro a ser alcançado por conta própria e graças ao qual seria possível se autoproduzir como sujeito livre, responsável perante a si mesmo e perante ao mundo. (MBEMBE, 2018: 267)

Ao longo das estrofes, o poema vai reconstruindo os elos entre as vozes-mulheres através de tempos e espaços diferentes, trazendo de volta ao presente a memória do matriarcado negro, em que as mulheres tinham importância decisiva na economia material, afetiva e simbólica das sociedades. Apesar da narrativa começar com o navio negreiro, o poema traz para o presente saberes anteriores a este evento, aqueles que a bisavó africana e os outros familiares trouxeram desde a África. É através da reconexão com estes saberes dos ancestrais que surge a perspectiva de uma voz-filha que faça ressoar o eco de uma liberdade por vir.

Séculos separam a favela dos porões dos navios negreiros, no entanto o poema revela que a lógica colonial de exploração e silenciamento da população negra continua atual na sociedade brasileira. Se os porões representam o momento do sequestro, quando as/os africanas/os escravizadas/os estavam completamente reféns e tolhidas/os de sua potência, a favela se configura como momento de reação, lugar de que as/os africanas/os em diáspora se apropriaram e puderam reconstruir algum senso de comunidade (apesar dos sucessivos ataques), fazendo ecoar ali a memória do quilombo. Na leitura de Beatriz Nascimento, "o quilombo da favela é forte porque ele é a união do homem que se apodera de um pedaço de terra e divide essa terra com vários outros" (NASCIMENTO, 2018: 190). Essa transformação histórica mostra que o ouvido que se volta para as vozes do passado não pretende repetir a desgraça da *maafa*, as cenas de submissão aos brancos e inferiorização em relação a eles, mas sim criar condições para um futuro de liberdade. Assim, a voz da filha que diz "eu" no poema e que assume a enunciação da história, que é sua e também de um povo, projeta uma mudança na trajetória de vozes mudas caladas. Ela coloca no horizonte a nova filha, filha da filha, que, como uma caixa de ressonância, reúne as vozes ancestrais e as mantém vivas no presente; não para repetir os episódios de sofrimento e humilhação, mas para reaver e reconquistar a dignidade e a humanidade das/os negras/os na diáspora. Reivindicar reparação.

O poema de Conceição Evaristo se relaciona muito intimamente com uma passagem de *Quilombismo*, de Abdias Nascimento:

> Escravidão não significa para nós um vocábulo petrificado nas páginas da História. Não é longínqua nem abstrata. Antes é uma palavra que nos devolve parte viva e dinâmica de nossa própria carne e espírito: os nossos antepassados. A violência que eles sofreram é violência que tem se perpetuado em nós, seus descendentes. A opressão de ontem forma uma cadeia no espaço, uma sequência ininterrupta no tempo, e das feridas em nosso corpo, das cicatrizes em nosso espírito, nos vêm vozes da esperança. (NASCIMENTO, 2019: 114)

A ancestralidade aparece aqui como carne e espírito, constituição de um corpo em que o eu se manifesta por meio da performatização de uma coletividade que atravessa diferentes tempos. Neste caso, o "eu" são muitos eus e seus passos vêm de longe, como diria Jurema Werneck. Apesar da opressão de ontem se repetir ainda hoje, é o contato com a ancestralidade que abre a perspectiva de luta para se romper com a repetição de uma história linear e opressora, preparando as "vozes da esperança", que se põem no devir de um futuro mais digno. As mulheres, tanto em "Vozes-mulheres" quanto em "A noite não adormece nos olhos das mulheres", assumem o protagonismo como guardiãs da memória da comunidade e lideranças dos movimentos de resistência à opressão:

A noite não adormece nos olhos das mulheres
Em memória de Beatriz Nascimento

A noite não adormece
nos olhos das mulheres
a lua fêmea, semelhante nossa,
em vigília atenta vigia
a nossa memória.

A noite não adormece
nos olhos das mulheres
há mais olhos que sono
onde lágrimas suspensas
virgulam o lapso
de nossas molhadas lembranças.

A noite não adormece
nos olhos das mulheres
vaginas abertas

> retêm e expulsam a vida
> donde Ainás, Nzingas, Ngambeles
> e outras meninas luas
> afastam delas e de nós
> os nossos cálices de lágrimas.
>
> A noite não adormecerá
> jamais nos olhos das fêmeas
> pois do nosso sangue-mulher
> de nosso líquido lembradiço
> em cada gota que jorra
> um fio invisível e tônico
> pacientemente cose a rede
> de nossa milenar resistência.
>
> (CONCEIÇÃO, 2017: 26)

O poema, construído através da repetição do título que encabeça cada estrofe, como um refrão, costura a rede de mulheres que tecem uma milenar resistência ligada ao exercício da memória. Nele é exaltado o trabalho noturno e silencioso executado por mulheres que não se deixam adormecer nem submeter, atuando intermitentemente contra o esquecimento, a alienação e contra a morte. A noite, signo do que finda e se encerra (também do que não pode ser visto), aqui abre o ciclo de produção de novas vidas desde uma rede ancestral de mulheres que não serão esquecidas. Dentre estas ancestrais, está Beatriz Nascimento, importante intelectual negra homenageada pelo poema e que faz retornar a imagem do quilombo, lugar de resistência cultural e de luta pela liberdade. Junto ao nome desta ancestral, o poema também incorpora nomes em línguas africanas (Ainás, Nzingas, Ngambeles), que refazem o elo dos negro-brasileiros com a cultura ancestre. Ainá, inclusive, é o nome da filha de Conceição Evaristo, que aparece em diversos poemas.

Essa centralidade das mulheres na manutenção da vida da comunidade remete ao modo de organização das famílias negro-brasileiras, nas quais as mulheres exercem a função de orientadoras e educadoras das novas gerações, além de serem as principais gestoras da economia familiar. São elas, nos contextos periféricos, rainhas-mães, protagonistas de organizações sociais que guardam a memória do matriarcado predominante na África ancestral. Sobre esse período milenar, a professora Vânia Maria da Silva Bonfim trata:

> Até o advento do Islã e do cristianismo na África, a maioria das sociedades africanas era matricêntrica, a saber, matrilineares e matrifocais, embora num contexto de hegemonia masculina no campo militar e político. Mas até no político, como sublinha Diop, a ubiquidade da figura da rainha-mãe implicou, desde o período egípcio-faraônico até o início da colonização na metade do século XIX, uma partilha efetiva do poder político. Com efeito, o monarca só poderia ser designado por linhagem uterina, nunca por sua paternidade. Além do extraordinário papel desempenhado pelas esposas de faraós, verdadeiras cogestoras do poder, existiam dinastias inteiras femininas, as candaces, na civilização núbio-cuxita de onde nasceram, na antiguidade, os impérios de Kerma e Méroe. (apud NASCIMENTO, 2009: 224)

Como candaces, as mulheres do poema são responsáveis pela sobrevivência material e espiritual da comunidade. Na última estrofe, a mulher é associada a imagens da natureza, à condição de fêmea e ao mistério mítico-orgânico do sangue ("líquido lembradiço") que "pacientemente cose a rede" da comunidade. Essa associação invoca a dimensão sagrada da fertilidade feminina, fazendo lembrar de Oxum, orixá "responsável pelo sangue que corre no corpo dos seres vivos e que mantém, revigora, dá energia, sustenta a vida e seu poderoso axé" (KILEUY e OXAGUIÃ, 2018: 274), sendo, por isso, senhora da maternidade, protetora da gestação e do parto. Através desta abordagem, o corpo feminino negro é despido de uma condição objetificada ou hipersexualizada, alçado que é a uma dimensão sagrada. Contudo o imperativo de gestar os novos entes e de gerir a comunidade pode, por vezes, ficar pesada para as mulheres negras e gerar angústia, problematização que não aparece nos poemas de Conceição Evaristo.

No poema "De mãe", a mãe é fonte de saber e de criação, sendo inclusive aquela responsável pela transmissão de uma experiência poética do mundo. É ela "Yabá", do yorubá "iyaba", que significa mãe ancestral e rainha, dotada dos poderes encantatórios dos orixás femininos do candomblé, que também recebem este título.

De mãe

O cuidado de minha poesia
aprendi foi de mãe,
mulher de pôr reparo nas coisas,
e de assuntar a vida.

A brandura de minha fala
na violência de meus ditos
ganhei de mãe, mulher prenhe de dizeres,

fecundados na boca do mundo.

Foi de mãe todo o meu tesouro,
veio dela todo o meu ganho
mulher sapiência, yabá,
do fogo tirava água
do pranto criava consolo.

Foi de mãe esse meio riso
dado para esconder
alegria inteira
e essa fé desconfiada,
pois, quando se anda descalço,
cada dedo olha a estrada.

Foi mãe que me descegou
para os cantos milagreiros da vida
apontando-me o fogo disfarçado
em cinzas e a agulha do
tempo movendo o palheiro.

Foi mãe que me fez sentir as flores
amassadas debaixo das pedras;
os corpos vazios rente às calçadas
e me ensinou, insisto, foi ela,
a fazer da palavra artifício
arte e ofício do meu canto,
da minha fala.

(EVARISTO, 2017: 79)

Como Yabá, é a mãe que põe a filha e toda a comunidade em contato com uma rede de saberes ancestrais que são transmitidos através da oralidade e da experiência do sagrado. A mãe ensina a ver e a lidar com o mundo de modo transgressor e originário, tornando a filha sensível aos "cantos milagreiros da vida", o que faz perceber o fogo onde aparentemente só havia cinzas, a agulha no palheiro, as flores no jardim de pedras. São os saberes da mãe estratégias de sobrevivência de um povo que resistiu e resiste a um meio hostil. Os dizeres prenhes da mulher preservam a perspectiva de futuro para o povo negro; prenhes de futuro, essas mães mantêm viva a potência de transformação do presente através das aprendizagens herdadas do passado. São as mulheres negras, portanto, as principais portadoras, criadoras e transmissoras de epistemologias afro-diaspóricas. Isso revela que o lugar comum da desvalorização destas mulheres na sociedade brasileira é parte de um mecanismo que mantém toda a população negra sob condição subalterna. É essa a leitura de Vânia Maria da Silva Bonfim sobre o lugar contraditório vivido pela mulher negra no Brasil:

> A estereotipação da mulher negra como corpo 'naturalmente' erotizado, obcenizado, desumanizado e animalizado foi continuamente repetida, processada por meio das práticas sociais orientadas pelo imaginário do segmento dominante. Isso ocorreu porque, na condição histórica de baluarte da civilização africana, a mulher negra era o ente que deveria ser esmagado e mantido sob constante subalternização, em prol da manutenção da ordem dominante europeia radicalmente oposta à tradição cultural africana, constituída ao redor da mulher. Ora, a retirada da coisificação, à estereotipação, à exclusão desse grupo de mulheres garantiria, assim, a supremacia dos modos sociais europeus nas sociedades periféricas multirraciais, como a brasileira. (NASCIMENTO, 2009: 243-244)

Assim, segundo a autora, a mulher negra vive um conflito entre duas condições: uma decorrente de um contexto social racista e misógino; e outra advinda da memória milenar da mulher como protagonista das sociedades africanas tradicionais. Desde esse lugar cheio de tensões e contradições, a mulher negra brasileira enfrenta a difícil tarefa de superar dilaceramentos e continuamente refazer sua identidade. Os poemas, de certo modo, dão um testemunho deste incessante trabalho de refazer a si.

No poema "As mãos de minha mãe", do livro *Correntezas e outros estudos marinhos* (2015), de Lívia Natália, a figura da mãe aparece como aquela que refaz a si e que serve de referência para o refazer da filha:

As mãos de minha mãe

As mãos de minha mãe são imensas
e seguram seu corpo minúsculo
como as chagas de cristo lhes sustentam
a santidade.

Nos dedos vincados de veias grossas,
na curva que se enruga no mais preto das dobras
as mãos de minha mãe perfazem os caminhos de
meu mundo.

(Se os búzios cantam nas palmas singradas de rotas negras
é para predizer maresias e ondas dolentes em meu caminho.)

As mãos de minha mãe, cada vez mais idosas,
guardam, em suas linhas, o segredo de nosso destino,
elas se cruzam no ventre da espera,

e gestam frutos de um futuro
sempre feliz, sempre feminino.

(NATÁLIA, 2015: 21)

Na primeira estrofe, a mãe é evocada de forma metonímica: é ela a mão que, separada do corpo minúsculo, acolhe a si mesma. A fragmentação do corpo é reforçada pela imagem das chagas de cristo (com letra minúscula e dessacralizado) que aqui corresponde a uma deusa negra cuja força se revela no momento de fraqueza e desamparo. As mãos femininas e negras são imensas, dotadas do poder de reunir e regenerar o próprio corpo supliciado. A mãe acolhe a si mesma, é aquela que se desdobra em autocuidado e cuidado aos filhos, o que no poema se revela doloroso e, ao mesmo tempo, índice do sagrado.

De estrofe em estrofe, quem lê o poema se torna mais íntimo das mãos da mãe, seguindo suas veias e veios, reconhecendo seus detalhes em um verdadeiro exercício de devoção a esta mais velha que acolhe e gesta "os frutos de um futuro/ sempre feliz, sempre feminino". Por outro lado, à medida que as estrofes avançam, mais em suas mãos ficamos, fazendo lembrar do dito popular que fala sobre estar nas mãos de alguém, revelando o poder de decisão sobre a vida que a mãe, essa figura imponente, tem.

Nas dobras das mãos femininas e anciãs está o destino, vincado nos escritos das linhas do jogo de búzios ("merindilogum", em yorubá) que permitem ler a fala dos orixás. Os búzios (chamados "caurí", pelos nagô, e "jimbo", pelos bantu) compõem o oráculo, por isso eles cantam no poema. É o búzio símbolo de riqueza e fartura, guardando a memória de quando fora utilizado como moeda em diversas regiões do continente africano. Assim, as palmas das mãos de que se fala são também as mãos de comando das mães de santo, soberanas nos terreiros de religiões de matriz africana, Iyalorixás, que exercem função sacerdotal e de sustentação da comunidade espiritual negra. Suas mãos lançam os búzios e abrem o oráculo.

Tanto este poema de Lívia Natália quanto os de Conceição aqui analisados desfazem o estereótipo da "mãe preta", figura bondosa e abnegada, submissa aos mandos dos senhores e aos dengos dos filhos da casa grande, pois representam o protagonismo da mulher negra em sua comunidade e seu papel de resistência à opressão colonial. Segundo a pesquisadora Helena Theodoro, "na diáspora africana das Américas, a religião africana constitui um ponto de resistência da luta do homem negro por sua liberdade e real e universal integração" (NASCIMENTO, 2008: 83), tendo a mulher negra um papel estruturante na organização dos terreiros. Ela resgata a história das casas de candomblé, que surgiram na Bahia no início do século XIX (se tratando, portanto, de uma religião brasileira) e que são associadas por diversos autores à resistência cultural dos quilombos e às insurreições negras. Helena Theodoro destaca o pioneirismo das mulheres negras, verdadeiras líderes, nesta história: "O primeiro templo baiano de grande porte começou a funcionar em pleno centro de Salvador, perto da Igreja da Barroquinha, organizado por antigas escravas libertas pertencentes à irmandade de Nossa Senhora da Boa Morte da Igreja da Barroquinha" (NASCIMENTO, 2008: 78). O primeiro terreiro de candomblé do Brasil foi "plantado" por Iyá Nassô.

Retomando o búzio no poema de Lívia Natália, além de signo oracular, ele ali funciona como uma imagem do dobrar-se sobre si mesma, do voltar-se para a própria interioridade e espiritualidade, o que é reforçado por uma escolha vocabular que marca o vinco, a curva, a dobra e a ruga (2° estrofe). No poema "Dobra", também do livro *Correntezas e outros estudos marinhos*, o búzio reaparece com este mesmo sentido: "Sim, cabe o mundo no silêncio/ sobre si dobrado de qualquer búzio" (NATÁLIA, 2015: 129). A concha, costumeiramente associada à interiorização, à introspecção e ao feminino, vem acompanhada, neste poema, do sentido da ancestralidade própria ao simbolismo do búzio no candomblé e nas demais religiões de matriz africana. Ele suscita uma territorialidade e uma temporalidade afro-diaspóricas, sintetizando o feminino e a ancestralidade em um só signo. Os búzios-dobras lançados pelas mãos da mãe, elas próprias imagem da dobra, perfazem e predizem os caminhos, escrevendo um futuro com menos sofrimentos, em que a mulher está na centralidade da vida.

Outra imagem da dobra desenvolvida por Lívia Natália no livro *Correntezas e outros estudos marinhos* é o crespo do cabelo dobrado, vincado e, por vezes, silenciado pelo embranquecimento. É o cabelo crespo também um modo de acesso à ancestralidade. Dentre os poemas dedicados a esse signo no referido livro, analiso o poema "Onde o espelho?":

Onde o espelho?
para minhas irmãs negras

Este cabelo que lhe vai liso sobre a carapinha
é o simulacro infeliz do que não és.

(Ao vestir-se com a pele do inimigo
o que de ti silencia e se perde?
Quantos animais conheces
que assim o fazem senão para reagir?)

> Este cabelo pesa desfeito sobre sua carapinha.
> Veste-a como um manto impuro
> abafando o preto caracolado
> sobre-si dobrado:
> filosófico.
>
> Os fios se endurecem como cavalos açoitados,
> e bradam da morbidez desta couraça
> que te mascara branca.
>
> Este cabelo requeimado e grotesco
> sepulta o que em ti há de mais belo.
> A dobra também é uma forma
> de Ser.
>
> (NATÁLIA, 2015: 113)

O poema é dedicado às irmãs negras que alisam seus cabelos e silenciam suas marcas de negritude, alienando-se de sua conexão com a ancestralidade. Os versos dialogam com estas mulheres negras que se camuflam, disfarçadas sob máscaras brancas, tentando se esquivar de suas aparências para se protegerem do olhar racista. Contudo, seu objetivo está fadado ao fracasso, pois ao tornarem lisos os cabelos que naturalmente se dobram segundo o código genético ancestral, introjetam a violência racista e se submetem aos "olhares brancos, os únicos verdadeiros, [que] me dissecam. (...) Tendo ajustado o microscópio, eles realizam, objetivamente, cortes na minha realidade" (FANON, 2008: 108). Ao aceitarem como verdadeira a imagem pretensamente universal produzida pelo olhar branco, da beleza lisa e linear dos cabelos escorridos e sem curvas, as irmãs negras do poema e o personagem dramatizado por Fanon em *Pele negra, máscaras brancas* são amputados da habilidade de olharem-se a si mesmos no espelho e encontrarem as suas verdades desde o ponto de vista de um eu. Assim, executam a sentença lamentada pela poeta: "sepulta o que em ti há de mais belo". É essa a zona de não-ser, a respeito da qual fala Fanon, onde foi lançada a população negra, com sua cultura e episteme. Segundo Fanon, é preciso que os negros dela se conscientizem para transcendê-la.

Como tentativa de evitar a morte da beleza resistente ao padrão estético branco-europeu, o título do poema pergunta pelo espelho da consciência onde se revela a beleza da carapinha, vocábulo que fala dos cabelos crespos e também, por extensão, da beleza do corpo negro em sua inteireza. Lembro aqui da exaltação à carapinha nos versos de Luís Gama, filho de Luisa Mahin, poeta abolicionista que assumia a sua negritude e demandava que ela fosse valorizada. No fragmento do poema "Lá vai verso!":

> Quero o mundo me encarando veja,
> Um retumbante *Orfeu da carapinha*
> que a Lira desprezando, por mesquinha,
> ao som decanta de Marimba augusta

(BERND, 2011: 37)

O poema de carapinha soa como berimbau e não como lira. O poema de Lívia Natália também tem por intenção exaltar a carapinha e fazer com que as irmãs negras se reconheçam no espelho da diferença belas e valorosas. Ambos os poemas desejam oferecer outros espelhos para a população negra, que teve sua imagem e sua psiquê alijadas e destroçadas. Que espelho fará a mulher negra ver-se a si (dobrar-se sobre si) livre da "esclerose afetiva do branco" (FANON, 2008:113)? Seria esse o espelho da beleza e da riqueza de Oxum? O abebé (leque espelhado) dos encantos e perfumes de Iemanjá? No livro *Sobejos do mar* (2017), há o poema "Abèbè":

> Abèbè
>
> Translúcida,
> a Água dissimula no fundo calmo
> a dobra de seu mistério
>
> (NATÁLIA, 2017: 49)

Arrisco dizer que, para a poeta, a resposta às perguntas que fiz está na reconexão com as águas míticas (cuja memória o candomblé guarda), com uma poética das águas que fluem e refluem por todos os seus quatro livros.

Voltando ao poema "Onde o espelho?", a poeta alerta: ao fazerem "Os fios se endurecem como cavalos açoitados", ao violentarem-se "abafando o preto caracolado/ sobre-si dobrado", assumem para si o "simulacro infeliz do que não és" e afastam-se do que nelas é força vital, sintetizada na imagem da dobra, dispositivo filosófico contra-hegemônico. A dobra aqui é uma forma de ser não ocidental e não branca, que visa fortalecer o eu ao mesmo tempo em que busca restaurar os elos que unem a comunidade negra através do tempo. O fortalecimento da comunidade é representado pelo apelo de uma mulher às outras, uma conversa entre mulheres. O preto caracolado, dobrado sobre si, é filosófico, pois permite à mulher acessar e produzir conhecimentos a respeito de si e de sua comunidade a partir da herança genética e cultural herdada dos povos africanos. Mais uma vez estamos diante do protagonismo da mulher negra.

É sabido que durante o período colonial, as/os africanas/os trazidas/os para o Brasil pertenciam a regiões e etnias diferentes, o que dificultava que as/os escravizadas/os se reconhecessem enquanto grupo e se organizassem politicamente. Havia não só barreiras culturais, como também rivalidades étnicas e barreiras linguísticas. Além disso, laços familiares foram rompidos com o tráfico e o comércio negreiro, o que fez com que estes sujeitos se percebessem ainda mais desamparados e não pertencentes a qualquer comunidade. Esta condição entre escravizadas/os era bastante conveniente para os senhores coloniais e, por isso mesmo, por eles estimulada; segundo Sueli Carneiro e Cristiane Cury, "Quando os negros foram trazidos para cá como escravos, os traficantes e os senhores procuravam romper a unidade dos clãs, promovendo a desagregação familiar e a mistura tribal" (NASCIMENTO, 2008: 120). Assim, a reconstrução das noções de comunidade, família, pertencimento e ancestralidade constituiu (e ainda constitui) um movimento de resistência das pessoas negras que assim se humanizaram, reinventaram uma memória ancestral comum e recuperaram um modo de saber e viver alternativo.

As religiões de matriz africana têm um importante papel na resistência à desumanização das/os africanas/os e seus descendentes na diáspora. Neste sentido, as mulheres negras assumiram um lugar de liderança no candomblé, portadoras da memória e mantenedoras da comunidade. Sobre a preservação de uma episteme ancestral e sustentação da comunidade, Sueli Carneiro e Cristiane Cury analisam o protagonismo assumido por mulheres negras no contexto pós-abolição da escravatura, quando os homens negros se viram incapazes de concorrer no mercado de trabalho livre com a mão-de-obra imigrante, submetidos a "uma nova forma de constrangimento social":

> Nesse contexto, a mulher negra toma para si a responsabilidade de manter a unidade familiar e a coesão grupal, preservando as tradições culturais, particularmente as religiosas. Apesar das condições subumanas em que a escravidão/liberdade deixou a população negra, as mulheres negras encontraram maiores opções de sobrevivência que os homens negros. Elas foram para a cozinha das patroas brancas, criaram e amamentaram os filhos destas, lavaram e passaram suas roupas, foram para os mercados vender quitutes e desenvolveram inúmeras estratégias de sobrevivência. Assim criaram seus filhos carnais, seus filhos-de-santo, abriram seus candomblés, adoraram seus deuses, cantaram, dançaram e cozinharam para eles. (...) Assim, na organização social do candomblé, procura-se reviver a estrutura social e hierárquica de reinos africanos (especialmente os de Oyó) que a escravidão destruiu, porém na diáspora essa forma de organização visava reorganizar a família negra, perpetuar a memória cultural africana e garantir a sobrevivência étnica. (NASCIMENTO, 2008: 122)

Segundo as pesquisadoras, as mulheres negras assumiram esse lugar de garantir a sobrevivência material da família negra e também a sobrevivência espiritual e simbólica, trabalhando em torno do fortalecimento dos laços familiares e da conexão com um passado mítico, que preenchia suas vidas de sentido. Neste mesmo ensaio, Carneiro e Cury afirmam: "parece-nos que essas mulheres traziam para o seu presente imagens sacralizadas de seu passado, evidenciadas na mitologia preservada e na estrutura religiosa que aqui criaram" (NASCIMENTO, 2008: 122). Esse procedimento de conexão com a ancestralidade através da religião permitia que as pessoas negras criassem um espaço de liberdade, em que pertenciam a uma comunidade na qual era possível exercerem suas criatividades e assumirem a autoria de suas vidas, subvertendo o dispositivo colonial de suspensão de humanidades, a que Achille Mbembe chama de "humanidade sustada". O filósofo camaronês usa esse termo justamente para sublinhar a luta das pessoas negras pela manutenção de suas humanidades, "uma luta para sair da fixação e da repetição, desejosa de entrar num movimento autônomo de criação" (MBEMBE, 2018: 94). Um dos modos de negar o ser dos africanos na diáspora era o entendimento de que eles não possuíam história, sendo assim, eles não seriam seres humanos como os europeus, mas animais. Segundo Mbembe, "Nada dava melhor testemunho dessa especificidade que o corpo, suas formas e suas cores. Ele não abrigava consciência nenhuma, nem apresentava traços quaisquer de razão e de beleza." (MBEMBE, 2018: 155)

  Chegado esse ponto da reflexão, fica evidente a importância de se exaltar a carapinha. Cultivar os cabelos crespos, tanto no poema quanto ao longo da história do movimento negro, é um modo de conectar-se com este lugar de liberdade, de aquilombamento, em que a comunidade negra pode viver o pertencimento e a autoria sobre suas vidas. A relação com a ancestralidade está no poema de Lívia Natália atrelada ao corpo feminino negro, que guarda a memória de epistemologias afro-diaspóricas. Achille Mbembe faz uma oportuna relação entre corpo e memória: "A memória e a lembrança colocam efetivamente em jogo toda uma estrutura de órgãos, todo um sistema nervoso, toda uma economia das emoções, no centro das quais se situa necessariamente o corpo e tudo o que o extrapola" (MBEMBE, 2018: 215). Assim, tanto a memória modifica o corpo quanto o corpo modifica a memória. Ainda percorrendo esse corpo feminino e negro que é quilombo, lugar de vivência da memória e da ancestralidade, leio o poema "Ori Asè", do livro *Sobejos do Mar* (2017):

Ori Asè

Quando a quartinha canta
Prenhe de Água absoluta
Um suntuoso aquário se tece no breu de suas bordas
Na sua voz de metafísica e nada
Ouço a Água doce e fria
De que está plena e emprenhada
Sua casca barrosa
Se limita com o chão líquido do orun
Onde dançam Deuses de pele translúcida.

Quando a quartinha estala sua língua
Saveiros dobram seus ombros nas docas
O mar respira bebendo a si mesmo
Enquanto as ondas coçam as costas das pedras.
Onde canta o estalido da quartinha
Um Ori se planta fundo.

(NATÁLIA, 2017: 37)

Este, como muitos outros poemas de Lívia Natália, trazem um vocabulário e um sistema simbólico que remetem ao ritual e ao rico patrimônio imaterial cultivado pelo candomblé. Mesmo quando este repertório de conhecimentos não é explicitamente citado, os poemas dialogam com ele, como a superfície de um rio se comunica com o seu fundo vivo e dinâmico. Assim, uma leitora desavisada, desprovida deste conhecimento de mundo, acessa pouco dos sentidos constelados pelos poemas, o que fala sobre as interlocutoras e interlocutores que esta escrita deseja atingir ou ainda sobre os lugares para onde ela deseja levar.

    O título combina duas palavras em iorubá, Orí e Asè, que conduzem a leitura para o universo mítico-poético yorubá. O deslocamento para outra língua, de origem africana, já inscreve a condição diaspórica desta escrita. Orí significa "cabeça" (a primeira parte do corpo a chegar ao mundo quando se dá o parto natural), "parte de cima" do corpo, e "destino" (NAPOLEÃO, 2011: 166). O orí, "a casa da nossa existência", segundo a Iyalorixá Paula de Odé, representa a existência individualizada de cada pessoa, o que confere a ela um destino pessoal e também uma conexão única com a "matéria ancestral" de que cada ser humano é feito. Essas particularidades que constituem o orí foram primeiro modeladas no Òrun (mundo espiritual) por Ajalá, um orixá bastante antigo, que junto a Orixalá, os Odus e os Orixás, deu forma a uma porção de matéria progenitora. Segundo Odé Kileuy e Vera de Oxaguiã, "após a modelagem, estas mesmas divindades incutem e distribuem *a ancestralidade*, o destino e a sorte daquele orí. Este, ao receber como 'matéria criadora' uma porção de água, irá venerar as divindades deste elemento, como Iemanjá, Oxum, Babá Olocum, Nanã, Erinlé, Babá Ajê etc. O que receber o elemento fogo terá como sua divindade Exu, Xangô etc. E assim com os outros elementos da natureza e demais orixás" (KILEUY&OXAGUIÃ, 2009: 91. grifo meu). Juana Elbein dos Santos destaca a importância do conceito de Ìpòrí, devido a relação entre o indivíduo e sua matéria mítica: "a porção retirada na qual cada Orí é modelado é o Égún Ìpòrí (matéria ancestral). Cada um deveria venerar sua matéria ancestral para prosperar no mundo e para que ela venha a ser seu guardião" (SANTOS, 2012: 237).

O Àse é a força que assegura o dinamismo da existência; é a força que produz crescimento e que permite às coisas serem. O àse é móvel e transmissível, o que possibilita que ele se distribua entre as pessoas, pois é "um poder que se recebe, se compartilha e se distribui através da prática ritual, da experiência mística e iniciática, durante a qual certos elementos simbólicos servem de veículo" (SANTOS, 2012: 44). É um poder que se desenvolve na relação dos indivíduos entre si, na relação deles com elementos da natureza e com objetos ou espaços ritualizados. Em outra passagem, Juana Elbein dos Santos se debruça sobre a transmissão do asé, associando-o à transmissão do conhecimento e da episteme afro-diaspórica:

> O àse e o conhecimento passam diretamente de um ser a outro, não por explicação ou raciocínio lógico, num nível consciente e intelectual, mas pela transferência de complexo código de símbolos em que a relação dinâmica constitui o mecanismo mais importante. A transmissão efetua-se através de gestos, palavras proferidas acompanhadas de movimento corporal, com a respiração e o hálito que dão vida à matéria inerte e atingem os planos mais profundos da personalidade. Num contexto, a palavra ultrapassa seu conteúdo semântico racional para ser instrumento condutor de àse, isto é, instrumento condutor de poder de realização. (SANTOS, 2012: 48)

Na passagem surge uma definição de àse como "instrumento condutor de poder de realização", que supera a dimensão cartesiana do "penso, logo existo", que se revela limitada diante de uma relação com o conhecimento que passa por uma experiência do corpo muito mais intensa e integral, voltada para a coletivização das experiências e para o fazer. Assim, o poema traz como título dois conceitos importantes na trama mítico-poética do candomblé, anunciando algo como a força da cabeça, a energia vital do orí que é uma síntese de matéria ancestral e destino, passado e futuro unidos em uma malha complexa e dinâmica que se reinventa desde o presente.

A transmissão do asé da cabeça, que aproximamos à vivência de uma episteme não ocidental, não se dá pela via do pensamento racional e consciente, mas sim por um canal de conexão com o natural e o espiritual, que põe em primeiro plano o sensório e a experiência, um saber que passa por todo o corpo e que visa afetar outros corpos. "O conhecimento só tem significado quando incorporado de modo ativo" (SANTOS, 2012: 46), assim sintetiza Juana Elbein o modo de conhecimento produzido e vivido pelos Nagô e por seus descendentes na diáspora, tratando dos rituais de possessão. Essa percepção é importante para se poder deslizar melhor pelo poema "Orí Àse", especialmente no que diz respeito ao modo como as palavras são nele dinamizadas.

Ao longo do poema, a quartinha é quem fala, apelando insistentemente aos ouvidos humanos: a quartinha canta, lança no ar sua voz e estala a língua. É ela uma boca ritual que não pronuncia palavras, sendo sua voz "de metafísica e nada", uma língua de água e espiritualidade que produz som no interior da vasilha de barro munida de tampa. É importante lembrar que o som é condutor de àse (assim como a água em seus diversos estados físicos, folhas, conchas, azeite de dendê, sangue animal, instrumentos musicais etc), sendo a oralidade extremamente importante para o funcionamento da estrutura simbólica nagô. Segundo Juana Elbein, "a palavra é proferida para ser ouvida, ela emana de uma pessoa para atingir uma ou muitas outras; comunica de boca a orelha a experiência de uma geração à outra, transmite o àse concentrado dos antepassados a gerações do presente" (SANTOS, 2012: 48-49). Daí a importância da oralidade dentro desta tradição. Assim, a voz da quartinha é puro àse que dinamiza e potencializa as palavras do poema, fazendo-as funcionarem de modo mítico e sensório, fora do logos racional, tensionando o código escrito.

A poeta, sobretudo, ouve a fala sem palavras da quartinha; posteriormente registra uma série de imagens táteis que atravessam o corpo e dão corpo à escrita: as bordas da vasilha de barro; a dança dos Deuses; a água fria, que é "chão líquido do orun"; os ombros das docas; os pulmões do mar; a coceira nas costas das pedras. A quartinha, tal qual o Ori, distribui asè por toda a parte, estalando plena e prenhe, emprenhada de água doce e fria, abaulada e cheia, grávida de vida (àse). O barro, material de que é feita a quartinha do poema e também o corpo dos seres humanos, remete à lama e à origem da vida, à terra fertilizada pela água, simbolizando um útero fecundado. É essa imagem-símbolo de um útero fecundado que permite que o ori se plante profundo, como se planta o àse nas roças de candomblé. Tudo isso sob o canto e a dança, a entoação da poesia nagô, que neste poema também se associa à imagem da dobra: dos saveiros, do mar que bebe de si próprio, das ondas. Acredito que a dobra aqui também aponte em direção à autodeterminação, da mulher negra e do homem negro poderem olhar para si mesmos e para seus corpos desde o ponto de vista de um eu que tem história e ingerência sobre o seu futuro.

A imagem de uma memória que precisa ser plantada e

reenraizada no corpo negro em diáspora é desenvolvida no poema de Tatiana Nascimento dos Santos, publicado em *Mil994*:

baobá

cheio de lagri
mar, o meu peito tá cheio de lagri
mar. pra quem veio do lado de lá do mar, é
no peito que planta si-próprio: lar, cheio de lasti

mar, o meu peito num veio pra lasti
mar. pra quem pensa que banzo é sobre volt
ar, o futuro é um meio de retornar. cheio de l´amém

tar, o meu peito tá cheio de lá, men
tal, pra quem tejo do avesso do
tempo, mar, é no peito
que dança-si: um

baobá

(NASCIMENTO, 2018)

Também conhecida como embondeiro, o baobá é uma árvore de imensas proporções e longevidade, típica do continente africano. Considerada árvore sagrada no Senegal, é um dos símbolos fundamentais das culturas africanas tradicionais, sendo contraditoriamente ressignificada pelos traficantes de escravos como "árvore do esquecimento". Antes de embarcarem nos tumbeiros e cruzarem o Atlântico, as/os africanas/os escravizadas/os eram obrigadas/os a dar voltas em torno do largo tronco do

Baobá, o que ritualizava a violência epistemicida. Segundo Francine Saillant, "fazer a volta em torno da árvore do esquecimento é o gesto de abandono da África e das raízes (simbolizado pelo baobá) que conduz ao processo de perda da identidade de origem"[35].

O poema dá o testemunho da resistência a este abandono e perda. O duplo movimento de conexão e de separação traumática sintetizado na imagem do Baobá deixa um rastro de lágrimas, lástimas e lamentos através dos versos. De dentro da palavra "lastimar" e do neologismo "lagrimar", o signo "mar" se destaca e literalmente se separa das palavras-continente, encenando na escrita a separação das/os africanas/os de sua terra natal na viagem através do Atlântico. O mar, neste contexto, é imagem da distância e do exílio, que transforma o lar (o aqui da terra natal) em lá ("do lado de lá do mar"). A distância, no entanto, não extirpa de todo a memória de lá. Mostra disso é que em alguns versos o "mar" é vocativo ("mar, o meu peito tá cheio de lagri/mar."; "mar, o meu peito num veio pra lasti/mar."), sendo forma de apelo e de manutenção do vínculo. Nestes versos é como se a poeta conversasse com o oceano e, em simultâneo, evocasse entidades como Iemanjá, a Kianda ou Olocum, por intermédio das quais as/os africanas/os em diáspora mantiveram sua conexão com as/os ancestrais. O peito não veio para lastimar, mas sim para lutar pela vida e pela liberdade.

O afastamento das/os africanas/os de suas origens e memória cultural, que inclui o apagamento da língua materna e do nome de nascença, tinha por intenção destruir suas psiquês para que fosse mais fácil torná-los dóceis e subservientes. No entanto, o epistemicídio não cumpriu completamente seus desígnios,

---

[35] Disponível em http://www.scielo.br/pdf/tem/v15n29/05.pdf Acessado em março de 2019.

de modo que várias/os africanas/os preservaram seus desejos, subjetividades e memória. Na diáspora, não é possível enraizar a identidade na terra-continente, mas ainda resta o corpo: "no peito que [o eu] planta si-próprio". Destituídas/os de tudo, foi nos próprios corpos que as/os africanas/os da diáspora grafaram estratégias para preservar seus saberes, reinventando-os e fazendo-os sobreviver de modo implícito e pouco óbvio na sociedade colonial. O corpo era o território.

Os sentidos simbólicos de "plantar", ligados à identidade afro-diaspórica e ao sagrado das práticas rituais de matriz africana (como as que plantam o axé no terreiro), não se descolam do sentido literal deste verbo. Diz-se que as árvores de baobá foram trazidas por sacerdotes africanos e que teriam sido plantadas em territórios de culto. A cidade do Rio de Janeiro, que abrigou o maior porto de comercialização de escravos das Américas (o cais do Valongo), possui uma concentração bastante grande desta espécie em diversas regiões, guardando na paisagem reminiscências de estratégias de reinvenção da identidade africana na diáspora.

Na 2ª estrofe, o "amém" cristão revela-se o cerne do lamentar, uma anti-benção contra a qual a voz lírica responde melancolicamente: "o meu peito tá cheio de lá". O banzo, outro nome para a melancolia, significa, segundo Nei Lopes, "nostalgia mortal que acomete negros africanos escravizados no Brasil", sendo também sinônimo de tristeza; etimologicamente derivado do "quicongo *mbanzu*, pensamento, lembrança; ou do quimbundo *mbonzo*, saudade, paixão, mágoa" (LOPES, 2012: 46). Assim, a palavra nomeia a persistência da memória dos africanos na diáspora, que aspiravam voltar para a África e conquistar a liberdade. No poema, que fala desde o presente, o retorno simbólico ao continente africano é um modo de inventar um futuro diferente para a população negra, com menos lágrimas, lástimas, lamentos e banzo. Tatiana Nascimento fala muito do banzo nos livros *Lundu*, e *Mil994*, reinterpretando a melancolia atual e coletiva desde uma perspectiva ancestral. No entanto, esse retorno no tempo se faz como modo de seguir adiante e como modo da população negra inventar para si um futuro, como a poeta aponta nos versos: "pra quem pensa que banzo é sobre volt/ar, o futuro é um meio de retornar".

Daí a beleza e a potência da dança ao fim do poema (também no título do livro *Lundu*, um ritmo/dança trazido para o Brasil por angolanos e congoleses no final do século XVII), que põe o corpo negro (desde o peito, onde bate sincopado o coração) na temporalidade que o baobá faz lembrar. O poema é bastante musical, marcado por repetições que criam ritmo e embalam o corpo. Além disso, o texto vem acompanhado de duas páginas de partitura, uma delas impressa em papel vegetal e sobreposta ao texto verbal tal qual uma pele transparente. A sobreposição do texto não-verbal ao verbal tanto põe em primeiro plano a proeminência do som do texto quanto faz a página assemelhar-se a um corpo composto por camadas, dotado de espessura. Essa operação de duplicação também ocorre com o título, dobrado no último verso do poema, fazendo o poema dobrar-se sobre si mesmo através de uma circularidade. No duplo do título que encerra o poema, a árvore serve de reflexo espiritual para a poeta, que pode nela contemplar-se plena de vida e axé. O corpo, ritualizado, se torna um altar vivo. Nesse sentido, vale citar um poema sem título de *Lundu*:

       a pele do tambor parece rasa
       mas o seu barulho é fuuundo…

> a casca da semente guarda o segredo do mundo:
> devir/devir/devir
> tudo depende
> dágua
> do vento que espalha
> do calor que embrasa
> da terra que abraça
> da quebra da dormência
>
> a vida sementeia plantas secretas

(NASCIMENTO, 2016: 81)

O poema fala do despertar e do devir que estão latentes, em estado de potência, na pele que é também casca vegetal. A pele em sua superficialidade dá acesso ao fundo segredo do mundo, ao fundo segredo do corpo, guardado no fundo barulho e no interior da semente. O segredo do mundo é nomeado como devir, vir a ser, o estado de transformação que, no contexto desta leitura, se associa à continuidade da vida, à descendência e ao futuro da população negra. A imagem da continuidade da vida e dos saberes africanos, simbolizada pela semente e pelo tambor, se liga ao caráter sagrado e misterioso da fertilidade, que depende da atuação dos elementos da natureza: a água, o vento, o calor e a terra. Estas são imagens que remetem a um saber ancestral. Para os Dogons, grupo étnico das regiões do Mali e de Burkina Fasso, a fonte da existência está em uma semente, chamada Kizi Uzi. Segundo o professor Eduardo Oliveira,

> Kizi Uzi ou "Digitaria exilis" significa: "la cosa pequeña". "Esta semilla, accionada por una vibración interna, rompe la vaina que la envolve, y surge para llegar a los más remotos

confins del universo" (Dieterlen; Griaule, 1959, p. 141).
A pequena semente é ao mesmo tempo a menor parte do
universo e o universo inteiro posto que se alastra por todo
planeta, germinando-o. (...) O homem é síntese do processo
de germinação da semente, o universo síntese da germinação
humana e tudo é processo iniciado e veiculado pela vibração
que anima tanto a pequena semente quanto a imensidão
do universo. (...) A lógica Dogon está impregnada da ideia
de seminilidade. É uma filosofia da germinação. Por isso o
princípio da vida e sua reprodução estão sempre referidas às
sementes.[36]

A partir de imagens de germinação, o poema constitui-se, assim, como uma incubadora do futuro, dedicado aos preparativos que garantem as condições de existência do que há de vir.

A respeito deste cuidado com o que há de vir e com a manutenção da vida e da descendência futura, que permite o funcionamento da lógica da ancestralidade, Achille Mbembe recorda do simbolismo da semente na África Antiga e do compromisso da humanidade com a reparação.

Na África Antiga, o símbolo manifesto da epifania que é a
humanidade era a semente que se enfia na terra, que morre,
renasce e produz tanto a árvore e o fruto quanto a vida. É, em
grande medida, para celebrar as núpcias entre a semente e a
vida que os africanos antigos inventaram a fala e a linguagem,
os objetos e as técnicas, as cerimônias e os rituais, as obras de
arte e também as instituições sociais e políticas. A semente
deveria produzir a vida num ambiente frágil e hostil, no seio
do qual a humanidade encontraria trabalho e descanso, mas
que ela também deveria proteger. Esse ambiente precisava

---

[36] Epistemologia da ancestralidade. Disponível em https://filosofia-africana.weebly.com Acessado em fevereiro de 2019.

constantemente ser reparado. A maior parte dos saberes vernaculares não tinha utilidade senão em relação a esse labor infindável de reparação. (MBEMBE, 2018: 311)

O poema sementeia vida, celebrando a vida dos negro-brasileiros que florescem apesar de serem alvos do racismo estrutural e da política de morte conduzida por um Estado que tem por intenção aterrorizar e exterminar a população negra. Mesmo em "ambiente frágil e hostil", o poema se imbui da tarefa de favorecer a vida e de cobrar a reparação, que garante o princípio básico de que "este mundo nos pertence a todos igualmente e todos somos seus coerdeiros, mesmo que as maneiras de habitá-lo não sejam as mesmas" (MBEMBE, 2018: 313).

É oportuno lembrar da relação entre oralidade e axé (força), já mencionada anteriormente. A escrita de Tatiana Nascimento se coloca em estado fronteiriço à oralidade, tensionando a distinção entre oral e escrito, criando muitos trocadilhos e se valendo de ambiguidades que advêm da combinação de sons, do registro coloquial e da sintaxe da fala. São poemas que pedem para ser lidos em voz alta, para ser postos para vibrar e animados por um corpo. Este aspecto performático dos textos é bastante explorado por Tatiana, que produz vídeos e apresentações em que performa seus poemas. Em poema sem título de *Lundu*„ este aspecto performático, em que a voz está latente na escrita, se revela através de versos curtos e rápidos:

> diz/faço qualquer trabalho, y m/eu amor de volta
> todo dia
>
> quizila contenção quebranto
> forca / camisa de força / sexo à força

fórceps. ou
cesárea
(sem-injeção)
interrupção
a serviço do patrão
(pra filha dele tem legalização)
basta
rdo
mar
pardo
(pra gente é)
negação
disjunção
retenção no complexo de
contenção quizila quebranto com
tensão
com
pleição
cor:
tição
ferrão
marcadura
queimadura
pele borbulha
raça impura
ferradura
mula. a cavalo dado não se olha
dentadura
dentição
dente-de-leite
ama-de-leite
amarelo-azeite
azeite... dendezeiro... deleite:

farofa, ebó, padê!
(tô falando de cocaína não tá?)
Laroyê,
midádicumê?
chuta não que eh macumba
eh o quê? enfeite?
eh seita? aceite:
neh enredo não
neh folclore não
nem eh possessão,
eh religião.
uma ala no sambódromo
basta
ria? tava bom pra catarse
do delírio coletivo?
eh primitivo? eh
feitiçaria?
(cabia num capítulo da tua tese na antropologia?)
fantasia: carnaval carniçal
bambuzal
urubuzal
filial da sucursal
do inferno colonial "eu vim
porque me roubaram"
me venderam porque
me compraram
me doeram
dor... arran
caram
dor
mares de banzo
navegaram
dor

me odiaram
dó?
chicotearam
atearam fogo? também
no terreiro de iaiá.
sopra um vento, Oyá,
que livrai-nos do mal do
esquecimento
de quem?
os santos malditos diriam
amém?
rindo por dentro
fingindo
espanto? quebranto... quizila...
Ifá, com você,
eu vim do mar
do amar
gor eu podia saber de cor
a dor
me chamar de errante
me ceder ao feitor
eu podia ser só
matéria turva
memória podrejante em rio-curva
mas mais:
sou carne crua
línguafiada
mente assentada
y pele... pele! agô,
minha
Pele: tu, es-
cura
alimenta de um tanto minhas fundura...

quebranto... quizila? banzo.
quelê / acalanto / roncó / irê:
Orí forte > plexo convexo >
Ofá rumo:
sorte
calmaria
tecnologia ancestral
y força

axé, princípio vital fim y meio,
é força
é que de onde que eu vim é assim: cê deita a cab
eça bem pra trás y parece que tudo é só azul
de beira a beira [v. 9]

(Lundu, 2017: 42-45)

Da banalidade dos anúncios de trabalhos espirituais que prometem trazer de volta a pessoa amada, o poema toma como ponto de partida uma referência à episteme afro-diaspórica disseminada nas paisagens urbanas do Brasil. Para tratar do mal que assola a vida das mulheres negras, fazer e desfazer (diz/faço) trabalhos: o poema se oferece ele mesmo como um trabalho espiritual, um ebó (oferenda) que apela aos orixás e pede para que o amor e a capacidade de amar voltem. "Ifá, com você,/ eu vim do mar/ do amar". Ifá, segundo Abimbola, é "òrisà da adivinhação e da sabedoria, foi encarregado do uso do conhecimento para a interpretação do passado, do presente e do futuro e também para a ordenação geral da terra" (apud SANTOS, 2012: 187). Além de Ifá, orixá do oráculo, também são invocados Exú e Oyá.

Na abertura do poema, os verbos dizer e fazer são um o

espelho do outro (diz/faço), de modo que a palavra é colocada em estado dinâmico de ação, apontando para o modo de funcionamento das palavras nos rituais de candomblé. Segundo Juana Elbein dos Santos, nos rituais nagô

> A palavra é atuante, porque é condutora do poder do àse. A fórmula apropriada, pronunciada num momento preciso, induz à ação. A invocação se apoia nesse poder dinâmico do som. Os textos rituais estão investidos desse poder. Recitados, cantados, acompanhados ou não de instrumentos musicais, eles transmitem um poder de ação, mobilizam a atividade ritual. O oral está a serviço da transmissão dinâmica. (SANTOS, 2012: 50-51)

A escrita de Tatiana Nascimento flerta com a oralidade através do uso intensivo da paranomásia, que constrói uma narrativa fragmentada pela associação vertiginosa de palavras de som semelhante, que fluem rápidas como em um transe. Além disso, a coloquialidade, o uso do "y" como conectivo e o uso de elementos do código escrito das redes sociais ("eh primitivo? eh") suscitam a oralidade em seu dinamismo sonoro.

Nesse sentido, o poema se desenvolve como uma espécie de ritual de cura necessário diante do contexto árido de violência e de mazelas sociais produzidas por uma sociedade racista e machista. Esta cura, que busca restaurar a vida afetiva das mulheres negras, atravessa uma dimensão ancestral de compreensão e intervenção no presente.

Percorrendo os males que limitam e precarizam a vida das mulheres negras (os quebrantos, contenções e quizilas), são listadas situações de opressão que atravessam diferentes tempos, como a execução (forca), a internação em clínicas psiquiátricas (camisa de força) e o estupro (sexo à força), colocados lado a lado no mesmo verso (4° verso). Em seguida, se desdobram imagens da violência obstétrica, como a do parto à forceps, da cesárea sem injeção e do aborto clandestino, que sujeitam as mulheres ao risco de morte, à criminalização e ao encarceramento. Embora, no Brasil, todas as mulheres estejam sujeitas a este tipo de violência, as mulheres negras e não-brancas são as mais afetadas.

As violências relacionadas à intersecção entre gênero, raça e classe lançam as mulheres negras ao destino de gerarem o "mar pardo" e a "raça impura", resultado dos abusos sexuais a que foram submetidas desde a Casa Grande, e que continuam a acontecer sob o jugo dos patrões. O poema traz uma perspectiva sobre a miscigenação avessa à lógica da convivência harmoniosa entre as raças, na qual acreditam os defensores da democracia racial, sinalizando que a cor parda é marca e memória da violação dos corpos das mulheres negro-brasileiras. Nos versos, a associação da cor negra com um vocabulário próprio da lida com animais, em especial, cavalos, remete ao modo como a branquitude via e ainda vê as pessoas negras, como menos humanas, logo mais tolerantes à dor e aos maus tratos.

> cor:
> tição
> ferrão
> marcadura
> queimadura
> pele borbulha
> raça impura
> ferradura
> mula. a cavalo dado não se olha
> dentadura.

O dito popular "a cavalo dado não se olha os dentes" é reformulado, fazendo lembrar do gesto dos compradores de escravos que, nos mercados, escolhiam comprar as/os africanas/os que apresentassem dentes em melhor estado. A memória da desumanização também está concentrada na palavra mula, da qual derivam as palavras "mulata" e "mulato", empregadas para nomear os mestiços gerados a partir de relações interraciais entre brancos e negros. A mula é a fêmea do burro, fruto do cruzamento entre animais de raças diferentes (o jumento e a égua). A objetificação do corpo associada à animalização se desdobra na imagem da ama de leite, a mãe preta que cuidava dos filhos da Casa Grande em detrimento dos seus próprios. Porém, é a imagem da mãe ponto de virada que abre o caminho do sagrado e da liberdade para o povo negro.

A ama de leite transforma-se no amarelo azeite extraído do dendezeiro, árvore sagrada para os yorubá, que materializa a presença das entidades sobrenaturais. Segundo Odé Kileuy e Vera de Oxaguiã, "trazido da África, o dendezeiro veio junto com os escravos, carregando consigo todos os simbolismos e propriedades que possuía em sua terra. Planta primordial dentro de uma casa de candomblé, é árvore que serve a vários orixás e de quem tudo se aproveita." (KILEUY&OXAGUIÃ, 2009: 218). No poema, o dendezeiro representa uma alteração no curso das violências coloniais e possibilita afirmação da vida, posto que guarda a memória do ritual, aciona a presença dos orixás e de uma epistemologia afro-diaspórica. À Oyá, orixá feminino dos ventos que fazem viajar sementes, rainha dos raios e mãe dos espíritos dos ancestrais, chamados Eguns, o poema pede que livre do maior mal: "sopra um vento, Oyá,/ que livrai-nos do mal do/ esquecimento".

Contra os males trazidos pela árvore do esquecimento, se insurge a memória de árvores e entidades sagradas, estratégias de resistência à desumanização.

As violências do presente, que inauguram o poema, deslizam em um contínuo histórico-temporal para as imagens do passado, que não estão estagnadas, mas em estado dinâmico, como que sob ação dos ventos insurgentes de Oiá: "eu podia ser só/ matéria turva/ memória podrejante em rio-curva/ mas mais:/ sou carne crua/ línguafiada/ mente assentada". É graças a este dinamismo que surge a possibilidade de conexão com uma "tecnologia ancestral", com o axé, todo um sistema filosófico não ocidental que lutou contra as investidas epistemicidas. A demonização e a exotização das religiões de matriz africana, reduzidas pelo racismo religioso a estereótipos, dramatizam a violência epistemicida no poema: "atearam fogo? também/ no terreiro de iaiá"; "chuta não que eh macumba/ eh o quê? enfeite?/ eh seita? aceite:/ neh enredo não/ neh folclore não/ nem eh possessão,/ eh religião./ (...)/ eh primitivo? eh/ feitiçaria?/ (cabia num capítulo da tua tese na antropologia?)". Como já afirmado anteriormente, o epistemicídio é uma arma de dominação política. O modo do poema combatê-lo é proporcionando para o público leitor negro um canal de contato com a ancestralidade e também um olhar crítico sobre o "inferno colonial" que permanece anacronicamente atual. Por esta razão é evocada Oyá, orixá belicosa e guerreira, para quem nada é impossível ou proibido, nem mesmo a liberdade, que ela proporciona aos seus filhos. É a mulher-búfalo que não aceita ser controlada e cuja força deriva de seu canal aberto com o mundo dos ancestrais. É ela evocada em outro poema, este de *Mil994*, espécie de canto de resistência contra as opressões do racismo. Seus últimos versos são:

eu já fui trovão e se eu já fui trovão eu sei ser
trovão!
eu sei ser trovão que nada,
nada
desfaz
eu sei ser
trovão
y nada
me desfaz

epahey
oyá

(NASCIMENTO, 2018: 38)

A pele negra no poema de Lundu, é lida como uma superfície de contato com a ancestralidade, "tecnologia ancestral" que instaura a dimensão do sagrado e veste de novos sentidos o corpo e a história das pessoas negras, restaurando suas subjetividades dilaceradas. Daí as propriedades curativas da pele sintetizadas no trocadilho "es-/cura". É essa pele carregada de ancestralidade e banzo. O filósofo Marcos da Silva e Silva faz uma leitura do banzo não só como um sofrimento histórico vivido pelos africanos escravizados no Brasil colonial, mas também como um sentimento que fala sobre a estruturação da condição existencial do negro na diáspora, "nos mais diversos níveis de exclusão causados pelo colonialismo e neocolonialismo, bem como dos aspectos particularizadores da parcela de angústia ou nostalgia que cada indivíduo excluído da sua pátria e identidade passou a constituir como uma condição existencial" (SILVA, 2018: 5). Para o autor, o banzo é intemporal e ancestral, pois é um sentimento que formou a subjetividade dos negros na diáspora, podendo ser visto pelo afroperspectivismo filosófico como um conceito importante na luta contra o racismo estrutural e o epistemicídio: "...o Banzo e seus significados são vistos como instrumentos de negação ao colonizador e um princípio de construção da identidade negra" (SILVA, 2018: 5).

A melancolia e o desejo de retorno são, nos poemas lidos neste capítulo, um lundu que põe os corpos e as vidas das mulheres negras do presente na cadência ancestral que fará o povo negro reconquistar sua humanidade, dignidade e perspectiva de futuro. A conexão que os poemas estabelecem com os saberes preservados pelo candomblé reafirmam a importância da religião na sobrevivência dos africanos na diáspora, sendo estes saberes sementes poderosas que brotaram, apesar da aridez, no solo pedregoso do epistemicídio.

3.3. Amor e afetividade na diáspora

Mesmo o poema de amor corta, pode ser dilacerante e pode também agredir muito a quem orienta a vida pelo desamor, pelas armadilhas e pela luta política menor."[37] Assim se refere a escritora negro-brasileira Cidinha da Silva ao poema "Quadrilha", de Lívia Natália, selecionado pelo projeto "Poesia nas Ruas", com financiamento da Fundação Cultural da Bahia, para ser divulgado em outdoors e busdoors da cidade de Ilhéus, em 2016. O poema, uma paródia da "Quadrilha" de Carlos Drummond de Andrade, fala sobre o amor entre duas pessoas negras, história que é interrompida pela política genocida do Estado. O poema, previsto para ficar exposto durante dois meses nas ruas de Ilhéus, foi retirado de circulação após quatro dias em decorrência das

---

[37] Disponível em https://www.revistaforum.com.br/a-gente-nao-suporta-chacina-a-gente-quer-poesia-justica-e-liberdade/ Acessado em junho de 2019.

reclamações da Aspra (Associação dos Policiais e Bombeiros Militares e seus Familiares do Estado da Bahia), que alegou que o poema desmoralizava o trabalho da polícia. A poeta sofreu uma série de ameaças pelas redes sociais, conforme denuncia no texto "Nota de escurecimento"[38]. Eis o poema:

---

[38] Texto publicado no perfil de Facebook da poeta, integralmente reproduzido aqui:
"NOTA DE ESCURECIMENTO
"Se Palmares não vive mais
faremos Palmares de novo!"
(José Carlos Limeira)
Quando escrevi o poema "Quadrilha", no extremo sentimento pelos mortos do Cabula, os meninos do Rio de Janeiro ainda não tinham sido alvejados por mais de cem tiros. Mas Amarildo já havia desaparecido e Joel, aquele menino, morto. Quando escrevi o poema, havia anos que o Carandiru com seus 111 mortos já estava quase esquecido. Eis o poema:
Quadrilha
Maria não amava João,
Apenas idolatrava seus pés escuros.
Quando João morreu,
assassinado pela PM,
Maria guardou todos os seus sapatos.
(Publicado no livro Correntezas e outros estudos Marinhos, Ed. Ogums Toques, 2015.)
Este poema, selecionado para publicação no projeto Poesias Nas Ruas, Ilhéus – BA, aprovado pela FUNCEB – Fundação Cultural da Bahia, setorial de Literatura, Fundo de Cultura, 2014, foi divulgado em busdoor e outdoor pela Cidade de Ilhéus.
Desde então, quando a foto do outdoor foi viralizada nas redes sociais, vi a minha poesia e a minha pessoa expostas em manifestações que nascem de uma polarização político-partidária mas que, no entanto, exortam à misoginia, racismo e outras violências.
Foram soltas notas de repúdio, inclusive por representações oficiais da Polícia Militar, sites de notícia deram notas, solicitaram a retirada do outdoor, e alguns "formadores de opinião" foram falar contra o poema, contra a poeta e contra o governo.
Primeiramente, afirmo que, entre a esquerda e a direita político-partidária, eu continuo sendo uma mulher negra, portanto, a mim pouco importa a guerra político-partidária que se quer montar, mas não admito que o meu poema, a minha obra e a minha imagem sejam utilizadas para um fim tão mesquinho. Pede-se que respeite a Instituição, e eu, como cidadã, EXIJO RESPEITO.
Desde a década de oitenta do século passado não há censura oficial neste País, portanto, tentar silenciar a minha voz é um ato ILEGAL, que atenta contra os direitos do cidadão. Como se não bastasse a sistemática exposição do meu nome, imagem e obra, sem que em nenhum momento tenha-se me procurado para que eu pudesse me posicionar, tenho recebido uma enxurrada de mensagens, declarações, recados e e-mails que são profundamente agressivos e que buscam me inspirar medo, que buscam me fazer ter vergonha do que escrevi, e que tentam desmentir o que a poesia representou.
Gostar ou não de uma obra de arte assiste apenas a quem a recebe, mas a censura não cabe! O poema e o outdoor, como se registra no texto de autorização por mim assinado ao projeto Poesia nas Ruas, deve ser mantido por dois meses em exposição. Tenho pela consciência de que em todos os lugares há pessoas que desempenham o seu trabalho com compromisso, humanidade e competência, no entanto, não podemos escamotear a verdade endossada pela Anistia Internacional em relatório de 2015. Muitos homens e mulheres honradas fazem parte da corporação, imagino, sem demagogia, inclusive que seja a maioria. No entanto, apesar de o espírito corporativo manifestado ser natural, o corpo da Instituição que foi forjada para nos proteger precisa exercitar a autocrítica e assumir as suas limitações. Num amplo número de pessoas que trabalham demais, não são suficientemente remunerados, têm equipamentos obsoletos, e não recebem um verdadeiro treinamento para gerenciar crises e confrontos, é impossível assegurar que todos saberão como agir no cotidiano do seu trabalho. A responsabilidade disto deve ser partilhada entre todos os níveis das administrações governamentais.
O saldo, no entanto, nós conhecemos. Pensa-se resolver a violência com a redução da maioridade penal, construindo mais presídios ou dando mais armas à polícia. Isto é apenas sintoma da inabilidade em gerenciar a segurança pública, e resulta na sistemática morte de pessoas inocentes, em sua maioria jovens negros.
Este poema apenas diz uma verdade que todos nós engolimos e sua ampla recepção apenas reforça a sua força e a força da literatura, numa sociedade tão desprovida de sensibilidade. Eu não quero temer a farda de homens e mulheres que aí estão para nos proteger, os homens e mulheres negras que são a maioria da população baiana, e grande alvo das várias violências institucionalizadas também não!
Profa. Dra.Lívia Natália

Quadrilha

Maria não amava João.
Apenas idolatrava seus pés escuros.
Quando João morreu,
assassinado pela PM,
Maria guardou todos os seus sapatos.

(NATÁLIA, 2015: 137)

O título e o primeiro verso do poema de Lívia Natália remetem a "Quadrilha"[39] de Drummond, cuja história de desencontros amorosos é recontextualizada e ressignificada. A imagem brejeira da dança popular na qual os pares se desfazem, metáfora do amor em Drummond, é transformada na imagem violenta da interrupção da relação afetiva entre pessoas negras devido à ação de um Estado racista. A "quadrilha" assume um sentido de organização criminosa, cujos protagonistas são os agentes da lei. Assim, se trata de um poema de amor e também de um poema de denúncia. Segundo a poeta, o poema foi feito sob o impacto da chacina no bairro Cabula, em 2015, quando 12 jovens negros foram executados e seis feridos: "Eu vi a notícia que motivou esse poema sem querer. Alguém me mostrou no celular. No dia seguinte, os jornais diziam que os meninos estavam em

---

Poeta
Adjunta da Universidade Federal da Bahia"

[39] Quadrilha

João amava Teresa que amava Raimundo
que amava Maria que amava Joaquim que amava Lili,
que não amava ninguém.
João foi para os Estados Unidos, Teresa para o convento,
Raimundo morreu de desastre, Maria ficou para tia,
Joaquim suicidou-se e Lili casou com J. Pinto Fernandes
que não tinha entrado na história.

formação de quadrilha para roubar caixas eletrônicos. Aí, me lembrei do primeiro verso do poema de Drummond que recebe esse título, e pensei: por que quadrilha de branco é de Drummond, amorosa, e quadrilha de preto é de assaltante? Então, escrevi."[40] Explorar a plurissignificação da palavra "quadrilha" é questionar o olhar racista hegemônico que lê os corpos brancos como amáveis e os corpos negros como matáveis, como se corpos negros não pudessem ser alvos de amor. A quadrilha recontextualizada de Lívia Natália denuncia a interdição do amor às pessoas negras, que são criminalizadas em suas existências e muitas vezes têm seus laços afetivos desfeitos pela política da morte, vivendo subjetividades dilaceradas pelo luto, pelo trauma e pela luta da sobrevivência diária. Segundo a leitura do poeta e professor baiano Jorge Augusto, Maria não teve tempo de amar João:

> É o amor, a subjetividade desse ser-negro, pensado pelo Estado sempre como um corpo suspeito, que é tema. Maria não teve tempo de amar João. E o assassinato pela PM é apenas uma das formas pela qual essa subjetividade do negro brasileiro foi interditada, pela violência, e o poema usa dela para denunciar essa interdição, esse amor que não chegou a ser. Portanto, em nenhum momento, este poema pode ser pensado como "um poema contra a PM", não só.[41]

De fato, o poema não se restringe à denúncia, conforme coloca Jorge Augusto, pois toca no tema sensível da experiência do amor entre pessoas negras, revelando uma contenção na economia

---

[40] Disponível em https://www.geledes.org.br/livia-natalia-venci-resistencia-escrever-sobre-o-amor/. Acessado em junho de 2019.
[41] https://www.bahianoticias.com.br/artigo/781-poema-policia-e-politica-topicos-sobre-o-poema-de-livia-natalia-e-a-pm-baiana.html. Acessado em junho de 2019.

dos afetos que responde a um ambiente estruturalmente hostil e traumático. Por que Maria não amava João, restringindo-se a, apenas, adorar seus pés? O que a impedia de ultrapassar o estágio da idolatria dos pés, associada ao encantamento, mas também à submissão? A contenção dos sentimentos de Maria está presente do início ao fim do poema curto, cuja linguagem é igualmente seca e privada de excessos. O adjetivo "escuros", que caracteriza a cor da pele de João, é seguido da morte anunciada do personagem, que segue a lógica das estatísticas de letalidade. Segundo o Atlas da Violência de 2019, a desigualdade racial nos indicadores de violência letal só se aprofunda, sendo 75,5% das vítimas de homicídios no Brasil em 2017 pessoas negras; os jovens homens negros neste quadro são os mais afetados. De 2007 a 2017, a taxa de homicídios de negros cresceu 33,1%, enquanto a taxa entre os não-negros cresceu apenas 3,3%[42]. Como viver o amor sob o signo da sobrevivência, quando a vida está ameaçada?

De João não sabemos dos sentimentos, apenas do óbito. Maria, uma sobrevivente, vive o luto da perda e encarna a persona da mulher forte. Como tantas mulheres negras no Brasil, ela guarda os sapatos e os seus sentimentos, num ritual de represamento da dor, que por um lado lhe permite suportar a tragédia e resolver questões do âmbito material da vida; por outro produz o embotamento da subjetividade e o adoecimento.

Há ainda outro poema de Lívia Natália em que ela põe em foco o sofrimento da mulher negra diante da política de morte executada pelo Estado brasileiro, dessa vez, uma mãe que tem o seu filho assassinado:

---

[42] www.ipea.gov.br/atlasviolencia/ Acessado em junho de 2019.

23 minutos*

Quantas mães ainda vão chorar
vendo seus filhos
paridos às avessas,
pelas armas do Estado?

* Em 2017, a CPI do Senado Brasileiro sobre o Assassinato de Jovens apurou que, no Brasil, a cada 23 minutos, um jovem negro é assassinado.

(NATÁLIA, 2017: 63)

bell hooks, no ensaio "Vivendo de amor", fala sobre as dificuldades coletivas do povo negro com o ato de amar, relacionando-as às condições históricas do racismo, que envolvem a política colonial e a escravização:

> Depoimentos de escravos revelam que sua sobrevivência estava muitas vezes determinada por sua capacidade de reprimir as emoções. Num documento datado em 1845, Frederick Douglass lembra que foi incapaz de se sensibilizar com a morte de sua mãe, por ter sido impedido de manter contato com ela. A escravidão condicionou os negros a conter e reprimir muitos de seus sentimentos. (...) A escravidão criou no povo negro uma noção de intimidade ligada ao sentido prático de sua realidade. Um escravo que não fosse capaz de reprimir ou conter suas emoções, talvez não conseguisse sobreviver. (apud WERNECK et al, 2006: 189-190)

Assim, a contenção de emoções e certa insensibilidade tornou-se estratégia de sobrevivência de africanas/os escravizadas/os, informação que foi passada aos descendentes como uma qualidade, como característica positiva de uma personalidade forte, sendo praticada mesmo após a abolição, segundo a autora. Não é difícil reconhecer esta estratégia no modo como Maria lida com o amor no poema "Quadrilha", correspondendo ao arquétipo da mulher forte, "por sua capacidade de reprimir emoções e garantir sua segurança material" (apud WERNECK et al, 2006: 192). Se criar barreiras emocionais se tornou, historicamente, um modo de encarar a vida, como será possível estar aberta/o ao amor? Qual a importância deste sentimento para as/os negras/os da diáspora?

Para bell hooks, a vontade de amar entre pessoas negras representa um ato de resistência, que busca construir condições para se viver plenamente, e não apenas sobreviver. Amar é desejar uma vida menos restrita, na qual as necessidades emocionais não sejam postas em segundo plano e as subjetividades possam se desenvolver espiritualmente, para além da dimensão material da vida. "Para conhecermos o amor, primeiro precisamos aprender a responder às nossas necessidades emocionais. Isso pode significar um novo aprendizado, pois fomos condicionadas a achar que essas necessidades não eram importantes" (apud WERNECK et al, 2006: 193). Esse condicionamento muitas vezes vem desde a educação dentro das famílias negras, em que a luta dos adultos para garantir as condições materiais básicas para o crescimento e educação das crianças se faz muito dura, suplantando gestos de carinho e afeto. Assim, é bastante comum em famílias negras que as demonstrações de carinho sejam entendidas como menos importantes do que o apelo das carências materiais, ou mesmo que o ato de suprir necessidades materiais seja interpretado como um ato amoroso. Sobre isso fala Lívia Natália no ensaio "Eu mereço ser amada", no qual dialoga com bell hooks: "Alimentar, sustentar financeiramente, dar abrigo físico são os meios de demonstração de afeto que nossos familiares tinham para nós. Infelizmente, dizer que ama não é algo natural entre famílias negras, certamente por que não se ouviu isto, certamente porque nossos pais precisaram nos criar para sermos fortes, para resistir."[43] Esse é um outro mecanismo de interdição da subjetividade sobre o qual fala o professor Jorge Augusto, o de negar as condições básicas de vida para a maior parte da população negra.

 Acredito que a poesia e a literatura negro-brasileiras, como lugares de (re)invenção de subjetividades, têm servido à elaboração afetiva das pessoas negras na diáspora e contribuído para o aprendizado do amor. O que não se pode dizer ou expressar no cotidiano, no poema ganha a forma de palavra, o que abre alternativas para reinvenção da realidade e cura das feridas. Como Lívia Natália coloca nos versos do poema "Dos precipícios" (de *Água negra e outras águas*), "Quem faz um poema,/ abre precipícios,/ e o vento que penetra/ se não me alegra,/ não me mata" (NATÁLIA, 2017: 109). Abrir precipícios, como quem abre mão de certezas e perde o chão, dá a possibilidade de se criar solos mais férteis para novas epistemologias e, quem sabe, novos hábitos e atitudes que produzam uma vida mais plena e amorosa entre pessoas negras.

 Nos poemas de amor de Lívia Natália, a dor e o dilaceramento são recorrentes. Em *Sobejos do mar* (2017), há um poema que define o amor através da imagem de uma beleza destroçada:

  Do amor

  O que há de belo nas
  flores,

---

[43] Disponível em https://www.geledes.org.br/eu-mereco-ser-amada/ Acessado em junho de 2019.

>   é o que se rasga no seu
>   perfume.
>   Por isso as pétalas feridas
>   são únicas
>   em sua beleza destroçada.
>
>   (NATÁLIA, 2017: 27)

Apesar do poema recorrer a imagens convencionais do amor e do feminino (a flor e o perfume), e ainda associar o amor à dor, tal qual a tradição do romantismo, o dilaceramento aqui ganha um sentido diferente pelo lugar de enunciação ser o de uma mulher negra cuja subjetividade sobrevivente está destroçada pelo racismo institucional, que violenta e insensibiliza. Assim, a exaltação das feridas em sua beleza representa um gesto de olhar para si e de tentar fazer o aprendizado do autoamor e da resistência ao embotamento emocional. No já citado ensaio "Eu mereço ser amada", Lívia Natália fala sobre o amor romântico e a incompatibilidade dele com a experiência das pessoas negras:

> "A experiência do amor romântico nos foi roubada pelo processo de escravização, quando era impossível constituir ligações afetivo-familiares ou a vivência do romance, no entanto, percebemos os seus efeitos ainda hoje, nos aprisionando num lugar extemporâneo: enquanto muitas mulheres brancas querem a emancipação absoluta, inclusive do envolvimento amoroso, nós ainda precisamos do exercício do afeto, nós não aprendemos a amar."[44]

Esta conclusão sobre o amor romântico ter-nos sido roubada

---

[44] Disponível em https://www.geledes.org.br/eu-mereco-ser-amada/ Acessado em junho de 2019.

é curiosa, pois os africanos trazidos para o Brasil colônia, oriundos de diferentes povos e territórios do continente, certamente carregavam nas suas memórias práticas amorosas diversas e distintas da europeia. Essas práticas, sim, foram alvo de assalto e espoliação, impossibilitados que foram os africanos de estarem entre os seus em condições de exercitarem suas práticas de afeto familiares. A experiência do amor romântica, herdeira da vassalagem amorosa praticada pelos trovadores provençais, não chegou a ser imposta aos africanos, posto que era incompatível com o processo de desumanização pelo qual passaram. Daí o não-lugar que a poeta chama de extemporâneo, tornado singular pela interseccionalidade, distinto do das mulheres brancas.

Lívia Natália, no entanto, fala desse furto do amor romântico pela escravização com um grande ressentimento, como se essa forma de amor garantisse a humanização da mulher e do homem negro. Apenas a título de exemplo de outras formas de amar advindas de um paradigma afrocentrado, lembro da pensadora burquinense Sobonfu Somé, pertencente à etnia Dagara, que vê o amor romântico como extremamente nocivo para o sujeito. No livro *O espírito da intimidade*, Sobonfu discorre sobre as práticas afetivas tradicionais entre os Dagara e explica porque o amor romântico ocidental é totalmente avesso ao amor Dagara: "O amor romântico não se encaixa, realmente, na aldeia. Simplesmente não funciona. O tipo de paixão, o tipo de emoção e conexão que os ocidentais buscam em um relacionamento romântico, o povo da aldeia busca no espírito. O poder do amor romântico no Ocidente realmente é sintoma de uma separação do mundo espiritual" (SOMÉ, 2007: 107-108). Em outra passagem, a pensadora detalha os problemas do romance sob a ótica Dagara: "Romance significa esconder seu eu verdadeiro, para ser aceito. Começa com a pessoa fazendo todas as coisas pelo parceiro, negligenciando seus verdadeiros sentimentos, até chegar a um ponto de séria depleção" (SOMÉ, 2007: 110). Cito Sobonfu Somé apenas para colocar no horizonte modelos de amor e práticas afetivas dissidentes em relação ao amor romântico ocidental, mesmo sabendo que seu contexto de realização é bastante diferente do brasileiro.

De todo modo, a conclusão de Lívia Natália aponta para a necessidade de um aprendizado do amor a ser protagonizado por negro-brasileiras/os e que se dará em um modo extemporâneo, estrangeiro ao código romântico ocidental. Resta às pessoas negras da diáspora inventar modos próprios de conhecer e viver o amor, já que viver a fantasia romântica produz frustração, além de alienar estes sujeitos e sujeitas de suas condições histórica e existencial. Que formas toma esse amor extemporâneo? Sobre o aprendizado do amor, versa o poema "Ausência", de *Água negra e outras águas*:

Ausência

Como se tece o amor, este manto fino?
Que fazer dos dedos feridos pelo gesto repetido de amar?
quarenta dias acordaram para o vazio,
quarenta noites abrigaram silêncios.
Nenhum barco atracava, nenhum trazia você.

Sua alma dura.

Meus dedos finos, de carne e sangue vivos
os olhos secos: lágrimas impossíveis.
Que fazer do amor, deste sacrifício,
desta faca pura lâmina que morde minha carne?

(NATÁLIA, 2017: 103)

O poema lança perguntas sobre o amor através da imagem da tecelagem, que assume os contornos de um ofício sacrificante, que morde e fere a carne. A poeta não sabe tecer o amor e também não sabe o que fazer com os danos provocados pela experiência amorosa. A atividade tecelã é, desde a Antiguidade clássica, associada ao feminino, sendo as mulheres gregas socialmente reconhecidas por esta virtude. Os ares gregos, neste poema, são reiterados pelo verso "Nenhum barco atracava, nenhum trazia você", que remete à narrativa clássica da mulher que espera pela volta do amado viajante, que se lançou ao mar e ao mundo sem dar notícias ou estabelecer data de retorno, o que sugere o intertexto com a espera obstinada de Penélope pela volta de seu amado Ulisses, narrada na *Odisseia*, de Homero, poema que é um marco da civilização ocidental. Em seus livros, Lívia Natália recorre muitas vezes à mitologia Iorubá (como demonstrado no capítulo sobre ancestralidade), mas também se apropria do cânone ocidental, sendo suas leitoras e leitores convidados a fazer a travessia entre estes diferentes paradigmas culturais. Na poética das águas que Lívia Natália constrói, mar e rio são veículos destes deslocamentos, nos quais as imagens fluem através de uma estética afro-diaspórica. Em *Água negra e outras águas*, reedição ampliada de seu primeiro livro, lançado em 2011, o poema "Ausência" é acompanhado por outros como "Odisseu", "Lágrimas de Ícaro", "A esfinge", que evocam a literatura grega desde o título. Há ainda dois poemas que apelam a Odisseu em *Dia bonito pra chover*, livro todo dedicado à temática amorosa.

A voz do poema que suscita a ausência é a de uma Penélope cuja história é remodelada pelo lugar de enunciação de uma mulher negra, que constrói sua subjetividade feminina por intermédio do personagem homérico. Após a Guerra de Troia, Ulisses (ou

Odisseu) retorna à Ítaca; sua esposa, Penélope, não tem notícias suas há 20 anos. Apesar de não saber nem mesmo se seu amado está vivo, Penélope recusa casar-se novamente, resistindo à pressão de seu pai, Ícaro, sem desagradá-lo de todo. Tida como esposa virtuosa, fiel e boa mãe, Penélope é rainha de Ítaca e cria uma estratégia para resistir à pressão de um novo casamento, que significaria a submissão a um novo esposo: ela aceita a corte dos pretendentes para não contrariar seu pai, mas coloca a condição de que só se casaria após terminar de tecer um sudário para Laertes, pai de Ulisses. Raquel Efraim interpreta a estratégia de Penélope de tecer o sudário durante o dia e destecê-lo, às escondidas, à noite como um gesto de insubordinação:

> Por meio da tessitura da mortalha ofertada a Laertes, Penélope tece o fio de sua própria vida e vence o poder masculino. A rainha fiandeira tece um manto, mas tece, acima de tudo, um ardil. É sabido que a ardilosa Penélope dedicava-se a tecer apenas durante o dia, e, quando chegada à noite, sob a luz das tochas, tratava de desfazer parte da trama; desta forma, junto a cada aurora nascia um recomeço (...) na tessitura da mortalha de Laertes encontram-se articuladas sedução e fidelidade. (EFRAIM, 2012: 140)

Penélope comparece no poema de Lívia Natália como imagem de mulher que, distante, traçando os contornos do abandono, espera pelo amor que não tem previsão para voltar ou chegar. A voz no poema é de uma mulher desejante, porém solitária. O amor é comparado à mortalha que Penélope tece e desmancha, malha que mantém os pretendentes indesejados afastados e que funciona como uma proteção que preserva a autonomia do desejo feminino. É com esta malha que a personagem homérica "tece o fio de sua própria vida". A Penélope do poema de Lívia Natália busca ter ingerência sobre as tramas que regem as relações, que parecem ser mais violentas do que a presente na narrativa grega. O amor assemelha-se a um sacrifício, sendo, assim, paradoxalmente, desejado e repudiado.

    O poema fala da ausência do amor, sentimento prazeroso de amar e sentir-se amada, e não do ser amado em específico que, mesmo quando próximo, mantinha a "alma dura". Como manejar este enredo de relações afetivas áridas? Esse ardil, a Penélope das águas negras não domina. Enquanto o amado oferece uma "alma dura", a poeta mantém "olhos secos: lágrimas impossíveis", demonstrando sofrer também de uma carestia emocional que funciona como forma de proteção. Surge, neste momento, a imagem da mulher forte que não demonstra seus sentimentos, apesar de ter as mãos machucadas pelo "gesto repetido de amar". Aparentemente, houve tentativas mal sucedidas de tecer o manto do amor, o que não trouxe acalanto, e sim suplício. O poema "As mãos de minha mãe", analisado no capítulo anterior, também associava as mãos ao sacrifício. Vale lembrar que as mãos constituem partes do corpo ligadas às demonstrações de afeto, sendo capazes de acolher, tocar, dar prazer, e também são lugar em que compromissos amorosos se assumem publicamente, pelo simples entrelaçar de mãos ou pelo uso de anéis. Do mesmo modo que acolhem, as mãos também podem repelir e agredir. As muitas mãos presentes na poética de Lívia Natália quase sempre estão feridas.

    Nos últimos versos de "Ausência", o manto do amor se transforma em "faca pura lâmina", objeto cortante que não protege, e sim invade o corpo. A imagem é uma citação ao poema "Uma faca só lâmina (ou da serventia das ideias fixas)", de João Cabral de Melo Neto, que desdobra uma série de comparações para descrever o sentimento de ausência, cuja presença é concreta, tátil e ameaçadora como a morte. A ausência é comparada a uma bala que se alojasse dentro do corpo, a um relógio que submergisse na carne, ou ainda:

> qual uma faca íntima
> ou faca de uso interno,
> habitando num corpo
> como o próprio esqueleto
>
> de um homem que o tivesse,
> e sempre, doloroso
> de homem que se ferisse
> contra seus próprios ossos.[45]

A ausência em questão (que é como o esqueleto habitando um corpo) é da ordem de uma falta estruturante, uma falta medular que, paradoxalmente, sustenta a subjetividade. Uma ausência tão entranhada que é autodestrutiva, atuando como um mecanismo de violência internalizada em que a sujeita é algoz e vítima de sua própria "faca íntima". No contexto do poema de Lívia Natália, a ausência estruturante que se volta "contra seus próprios ossos" e morde a carne é a incrustada ausência de amor.

A mulher do poema não sabe tecer o manto fino do amor, mas domina a técnica de tecer o texto em sua trama de intertextualidades, criando uma malha de citações à literatura canônica. Desse ardil Lívia Natália vale-se com muita *expertise*, produzindo um texto que seduz um público leitor amplo e diverso: tanto aquele interessado nas temáticas e valores da negritude quanto aquele interessado no

---

[45] Disponível em http://www.academia.org.br/academicos/joao-cabral-de-melo-neto/textos-escolhidos Acessado em junho de 2019.

aparato formal e intelectual produzido pela branquitude, que dá o tom de certas tendências estéticas contemporâneas. A respeito desse texto que se quer dissidente e que, ao mesmo tempo, utiliza elementos da literatura canônica, Lívia Natália afirma:

> ... Sei que muitas pessoas brancas gostam do meu texto porque sentem um ressoar daquilo que estão acostumadas a ler. Não vou dizer que me é desconfortável acionar essas referências de leitura no momento em que escrevo. Ao mesmo tempo, é um jogo duplo para o leitor: enquanto lê dentro de uma estética etnocêntrica, imerge num corpo discursivo extremamente negro.[46]

Este depoimento foi registrado em entrevista realizada logo após o livro *Dia bonito pra chover* receber o prêmio APCA de 2017, organizado pela Associação Paulista de Críticos de Arte, a mais tradicional instituição de críticos do Brasil. O livro, todo dedicado à temática do amor, faz muitas referências a textos, gêneros e personagens fundantes da epistemologia ocidental. As citações incluem o *Cântico dos Cânticos*, *Hamlet*, *Odisseia*, a Mitologia Greco-Romana, dentre outras referências que fogem ao padrão brancocêntrico, como o primoroso e também premiado *Olhos D'água*, livro de contos de Conceição Evaristo. Apesar de, nos seus outros livros, a poeta também dialogar com o cânone eurocêntrico, neste, há um trabalho intensivo com este aparato simbólico de pensamento, sendo lido inclusive enquanto um livro que se aproxima da estética neoclássica. Segundo Thiago Prado, Ricardo Freitas e Davi Nunes, o livro se destaca por "possuir marcadores de autoria alusivos às escolas literárias de aparatos estéticos

---

[46] Disponível em http://atarde.uol.com.br/muito/noticias/1926188-livia-natalia-venci-a-resistencia-a-escrever-sobre-o-amor Acessado em junho de 2019.

neoclássicos (visto a utilização e releitura da mitologia greco-romana como recurso estético), assim como gêneros literários fixos (como a canção) e gêneros mais remotos (como a cantiga de amigo medieval, a fim de construir uma lírica amorosa)" (PRADO et al, 2018: 325-326). Ainda no que diz respeito às questões formais, "O equilíbrio formal que se concretiza com a aproximação com o parnaso, através do uso das personagens mitológicas, compõe a atmosfera clássica dos seus versos. Assim, o diálogo que Lívia Natália faz com o cânone é de alta voz poética, cheia de sutilezas insurgentes, que desestabilizam a sua imobilidade" (PRADO, 2018: 343). Importante destacar que esta é uma tendência da poesia contemporânea brasileira, presente nas obras de Antonio Cicero e Ana Martins Marques, por exemplo.

Acredito que a opção estética deste livro em particular está diretamente ligada ao seu reconhecimento institucional, através do prêmio APCA, o que me faz considerar as estratégias que artistas afro-brasileiras criam para serem visibilizadas. Por outro lado, a fala da poeta em relação a suas referências literárias não deve ser ignorada: "Não é porque sou uma escritora de literatura negra que vou rechaçar toda minha formação dentro de uma literatura canônica. Sou uma professora do curso de letras, que é um curso canônico."[47]

Em *Dia bonito pra chover*, um livro sobre amor, mais uma vez observamos a apropriação de personagens arquetípicas do feminino ocidental, como Ariadne, Ofélia, Penélope e Psiquê. Algumas destas personagens reaparecem no seguinte poema:

---

[47] Disponível em http://atarde.uol.com.br/muito/noticias/1926188-livia-natalia-venci-a-resistencia-a-escrever-sobre-o-amor Acessado em junho de 2019.

Eros e Psiquê

E então dei-me conta de que não sei de suas mãos.
Há peso nestas mãos de pássaro?
Há guelras perfumadas como a dos peixes?
Há estrelas, como na sua boca?

Apenas não sei.
Limito-me a saber do cheiro de sua virilha,
de como ficam seus cabelos presos,
nossos sonhos soltos.
Sei já o nome da nossa filha,
cada dobra pequena de nossa música,
mas, de suas mãos, nada vislumbro.

Não sei como se tecem, em fios,
os labirintos de seu destino.
Serão elas quentes quando,
finalmente,
se trançarem nas minhas?

{Sei que elas, quando dormem,
aninham sua orelha
e ali devem filtrar sonhos menores.}

Mas penso se seu dedo mindinho
conversaria com o meu.
Se seu braço guiaria, na frente, os nossos.
Penso na grande lacuna de que padecem minhas mãos,
lançadas ao desamparo de não saber das suas.

Todas as noites explico às minhas mãos
que temos enlaces maiores

e que todo peixe escorrega aquoso por dentro da Água.
Que é assim mesmo,
que elas não se afobem,
que o peixe nada, mas é na barriga das Águas.

Mas não há remédio.

Eu durmo, exausta, e elas permanecem insones,
bárbaras,
tecendo um manto inteiro,
inconsciente
todo feito de véspera.

(NATÁLIA, 2017: 35-36)

As mãos novamente compareçem juntas ao não saber, tecendo inconscientemente um manto de vésperas e esperas. O título nos envia ao mito grego de Eros e Psiquê, registrado por Apuleio, no qual é narrada a paixão do deus do Amor e do desejo, também chamado de cupido, pela mortal Psiquê, palavra em grego para "sopro", posteriormente entendida como alma. Esta narrativa sobre as relações entre a alma e o desejo foi tomada como objeto de estudo caro para a psicanálise. Aqui, me deterei apenas à primeira parte da história, que se desenvolve ainda em muitos detalhes e complexidade.

Conta o mito que Psiquê era a filha mais nova de um rei de Mileto, admirada por sua beleza assombrosa, comparada pelos mortais à de Afrodite, a ponto de ser homenageada como uma encarnação da deusa. Afrodite fica enfurecida e enciumada com isso, então, manda seu filho, Eros, vingá-la: deveria fazer Psiquê se apaixonar por um ser indigno. A jovem princesa tinha outras duas irmãs que, apesar de não serem tão belas, já tinham se casado. A bela Psiquê permanecia solitária, o que fez com que seus pais fossem consultar o oráculo de Apolo, para saber o que deviam fazer a esse respeito. O oráculo disse que deviam levar Psiquê para o alto de uma montanha onde seria desposada por um monstro horrível. "Tudo estava de acordo com o que Afrodite havia planejado. Eros se aproximou para completar mais uma de suas missões. Não obstante, ao se deparar com tamanha beleza e formosura da mortal, ficou perturbado e feriu-se com sua própria seta, apaixonando-se no mesmo instante" (BRAZ, 2005: 68). Eros, o deus que causava muitas confusões com suas flechas, desobedece sua mãe e desposa Psiquê, que havia adormecido no alto da montanha. Ela é levada por Zéfiro (o vento) para o palácio de Eros e, quando acorda, depara-se com ouro, mármore e vozes que realizam todos os seus desejos. Lá fica solitária durante todo o tempo até que, à noite, recebe a visita de seu amante, de quem nunca pode ver ou conhecer a identidade, sob a pena de tudo perder. Psiquê aceita a regra até que, sob influência dos comentários invejosos de suas irmãs, que vão lhe visitar no palácio, entrega-se à curiosidade e à desconfiança. Seria o seu amado um monstro? Em um dos encontros às escuras com Eros, Psiquê, desobediente, leva uma lamparina e uma faca para eventualmente matá-lo. Quando a luz ilumina o corpo de Eros, Psiquê fica encantada com a beleza do deus, que acorda com uma gota de óleo que pinga em seu ombro direito. Decepcionado e furioso, Eros rejeita Psiquê, que passará por uma série de provas para recuperar o seu amor.

 Para ler o poema de Lívia Natália, esta parte da história já fornece elementos suficientes. À mulher do poema falta saber das mãos do seu amado, assim como falta à Psiquê saber da identidade de Eros. O poema fala da interdição do acesso às mãos que, como já colocado, representa a demonstração do afeto na esfera privada e também na pública, podendo ser símbolo de compromisso conjugal. A ausência das mãos é uma lacuna que gera o sentimento de desamparo: "Penso na grande lacuna de que padecem minhas mãos,/ lançadas ao desamparo de não saber das suas." Apesar de vivenciar experiências de intimidade sexual com seu amado ("Limito-me a saber do cheiro de sua virilha,/ de como ficam seus cabelos presos,/ nossos sonhos soltos./ Se já o nome da nossa filha,/ cada dobra pequena de nossa música,"), a relação parece limitada pela falta de gestos afetivos e do compromisso, representados pelo entrelaçar das mãos que denota companheirismo, cumplicidade, parceria. Como Psiquê, a poeta vê-se diante de uma regra que pode suspender a relação se desobedecida. Tanto no mito quanto no poema, as personagens solitárias tendem à transgressão e ao questionamento da fragilidade da relação.

Lívia Natália, em entrevista, conta que este poema foi o primeiro do livro todo dedicado ao tema das relações erótico-amorosas:

> Tinha muita resistência de escrever poesia sobre amor. O primeiro poema que criei foi gestado após um dia andando pela rua com meu ex-companheiro. Percebi que ele, homem mais velho, não pegava em minha mão. E a gente já estava há um tempo juntos. Pensava: "Oxente, que homem estranho, como é que anda pela rua sem segurar em minha mão?". Eu, mulher de Oxum, muito dengosa, me dizia: "Ah, não, eu quero segurar na mão". Mas, sem querer me oferecer e impor isso. Aí, um dia, escrevi esse poema, que num trecho diz: Tem peso na sua mão? Achava que era somente uma mulher apaixonada. Só

que depois comecei a ler muito sobre essa questão da solidão da mulher negra. Via bell hooks, Cláudia Pacheco, estudei sobre as famílias negras. De repente, me vi escrevendo vários poemas sobre essa vivência afetiva. Então, entendi que era isso: um livro de poemas de amor. Esse meu ex-companheiro, que é uma pessoa muito sensível, leu a grande maioria dos textos em primeira mão. No dia do lançamento, brinquei dizendo que o livro era sobre essa história e que as pessoas vão ler por um incidente, porque saiu publicado.[48]

O relato revela que *Dia bonito pra chover* é uma escrevivência, elaboração e também o registro do percurso de construção da relação amorosa entre a poeta e seu companheiro na época. A escrita do poema já é, em si, a inscrição de um gesto amoroso. As dificuldades vividas relacionam-se à contenção afetiva, que a poeta conecta com uma realidade social maior, que envolve questões de raça, gênero e classe. Ana Cláudia Pacheco, mencionada pela poeta, realizou um complexo estudo sobre a solidão das mulheres baianas no livro *Mulher negra: afetividade e solidão* (2013), fruto de sua tese nas Ciências Sociais, *Branca para casar, mulata para 'F' e negra para trabalhar: escolhas afetivas e significados de solidão entre mulheres negras em Salvador*. O estudo parte dos dados da pesquisa do IBGE de 1980 que, considerando o cruzamento de fatores como sexo, raça e idade, revelou que "as mulheres negras (pretas + pardas) são aquelas que têm menores chances de encontrar um parceiro na disputa do 'mercado matrimonial', perdendo para as mulheres de outros grupos raciais, como as mulheres brancas, por exemplo" (PACHECO, 2013: 22). Assim, sua pesquisa dedicou-se a investigar as causas e significados da solidão das mulheres negras

---

[48] Disponível em http://atarde.uol.com.br/muito/noticias/1926188-livia-natalia-venci-a-resistencia-a-escrever-sobre-o-amor Acessado em junho de 2019.

soteropolitanas, decorrente da instabilidade de relações afetivas, através de entrevistas com mulheres envolvidas na militância política e com mulheres não ativistas. Em dado momento de sua análise, que considera diferentes cortes de classe social e idade buscando trazer a diversidade das experiências afetivas das mulheres negras soteropolitanas, Ana Cláudia Pacheco trata de várias histórias de relacionamentos afetivos marcados pela ultrassexualização, abandono, falta de parceria e compromisso:

> Em outras histórias aqui analisadas, a ênfase recaiu na ausência do homem negro na família e na vida afetiva das entrevistadas. Vi que o discurso acerca das escolhas afetivas dos homens negros se imiscui ao de paternidade/masculinidade/poligamia e abandono. Estes teriam sido, segundo as informantes, os motivos e sentidos de sua instabilidade afetiva ou ausência de parceiros fixos. (PACHECO, 2013: 318)

Outro elemento bastante recorrente na fala das entrevistadas sobre seus relacionamentos amorosos e solidão é o preterimento afetivo relacionado à preferência por um padrão de beleza branco. Muitas mulheres negras trouxeram histórias de rejeição ligadas às características corporais racializadas. Segundo Pacheco, "o corpo é, sem dúvida, um veículo onde as práticas discriminatórias se materializam e são internalizadas, gerando um processo de autorrejeição e de rejeição do 'outro'" (PACHECO, 2013: 277). Assim, no que tange as relações de amor entre pessoas negras, é importante tratar das distorções e estragos provocados pela internalização da ideologia racial da branquitude. Ao analisar a declaração de uma mulher negra ativista, que relata a preferência de homens negros ativistas por mulheres brancas ou mais próximas deste padrão estético, a pesquisadora cita Fanon, em *Peles Negras, máscaras brancas*:

Fanon (1983, p. 55-69), de acordo com uma abordagem psiquiátrica, utiliza o conceito de autoestima para entender como a ideologia racial influencia nas escolhas amorosas dos homens negros martinicanos. Para esse autor, a ideologia do racismo provocaria uma negação da identidade negra do "homem de cor", uma rejeição de outro semelhante (a mulher negra) e o desejo, mesmo que inconsciente, pelo "outro", a mulher branca. Dessa forma, o conceito de autoestima está associado aos efeitos que a ideologia racial provocaria no processo de aceitação de si mesmo. (PACHECO, 2013: 271)

Joice Berth também entende a rejeição dos homens negros às mulheres negras no momento de assumir um relacionamento como um problema de autoimagem. Tratando do preterimento afetivo e do que ela chama de "celibato definitivo de mulheres negras", avalia que "é importante detectar essa fissura interna das relações desenvolvidas pela população negra e entendê-la como mais uma das tecnologias de dominação, aliciamento e opressão. Alimentar a movimentação de homens negros na direção da rejeição a si mesmo projetado na presença física de mulheres negras, seus pares sociais, tem sido um jogo bastante eficiente."(BERTH, 2018: 124).

Assim, se coloca o problema das imagens e autoimagens das pessoas negras e também o problema do auto-ódio. O destino de Psiquê está entremeado às imagens da beleza – a sua própria, a de Afrodite, a de Eros e a concedida por Perséfone. O destino da mulher no poema também está urdido às imagens, no entanto, sua trama sofre a interferência do racismo, que distorce a beleza e a autoimagem da mulher negra e também a do homem negro. A intelectual afro-americana bell hooks, em *Olhares negros: raça e representação*, se debruça sobre as imagens da negritude que circulam nos veículos de massa, preocupada com as lacunas que fragilizam a psiquê da pessoa negra:

> ... Para pessoas negras, a dor de aprender que não podemos controlar nossas imagens, como nos vemos (se nossas visões não forem descolonizadas) ou como somos vistos, é tão intensa que isso nos estraçalha. Isso destrói e arrebenta as costuras de nossos esforços de construir o ser e de nos reconhecer. Com frequência, ficamos devastados pela raiva reprimida, nos sentimos exaustos desesperançados e, às vezes, simplesmente de coração partido. Essas lacunas na nossa psique são os espaços nos quais penetram a cumplicidade irrefletida, a raiva autodestrutiva, o ódio e o desespero paralisante. (HOOKS, 2019: 35-36)

Assim, a internalização do racismo por pessoas negras gera auto-ódio que abala suas autoestimas e impede que elas amem qualquer pessoa, pois não amam a si mesmas. Por isso, o ato de amar entre pessoas negras deve começar por uma descolonização dos pensamentos, que possibilita que elas valorizem as suas potências, conheçam as suas histórias e pratiquem o autoamor. Nesse sentido, amar a negritude se revela um ato transgressor. Ainda seguindo os apontamentos de bell hooks a esse respeito,

> A arte e a prática de amar começam com nossa capacidade de nos conhecer e afirmar. É por isso que tantos livros de auto-ajuda dizem que devemos mirar-nos num espelho e conversar com nossas próprias imagens. Tenho percebido que às vezes não amo a imagem ali refletida. Eu a inspeciono. Desde que acordo e me vejo no espelho, começo a me analisar, não com a intenção de me afirmar, mas de me criticar. (WERNECK et el, 2006: 195).

Olhar-se ao espelho e amar-se é a imagem que encerra o poema "Da cura", o penúltimo de *Dia bonito pra chover*:

Da cura

Já amei sem me dar porque.
E todo jasmim negro era colhido
apenas maduro
do meu quintal.

Já amei, e as mãos ardiam tanto
que soltei no ar,
pomba voando,
com asas feitas de esquecimento.

Já amei sem verdades,
amor sem dobras,
e a velocidade,
lacerava-me as pontas dos pés.

Já amei demais constante.
Lambendo o ar da voz.
E do sopro úmido,
lancinante,
fiz fogueiras que não dormiam acesas
jamais.

Já amei atando
os nós da ausência.
Tecendo, da costela, um homem inteiro
e acendi os gravetos de um amor
todo feito contra o vento.

> Amo hoje esta mulher:
> Eu, no espelho de onde me vejo,
> e as Águas do que desejo
> me transformam em imensidão.
>
> (NATÁLIA, 2017: 65)

Das 6 estrofes que compõem o poema, cinco delas começam com a expressão "já amei", em que a poeta narra de modo simbólico experiências amorosas do passado. Amores feitos de esquecimento, sem verdades, difíceis de serem mantidos, dolorosos e solitários, em que foi preciso tecer da costela um homem inteiro. Toda esta narrativa traça o percurso até a prática amorosa do presente, na qual a mulher dedica-se a tecer o manto fino do autoamor. É esse o ritual de cura das feridas que precisa ser feito: voltar-se ao autocuidado, ao autoconhecimento e à autoafirmação.

Alguns dos poemas de Conceição Evaristo dedicados ao amor constroem um caminho em direção a si mesma, o que interpreto aqui como um aprendizado do autoamor. A poeta encena um voltar-se para si no sentido de refazer-se da violência do racismo através da reconexão com as suas potências interiores. Dedico-me ao primeiro deles:

Amigas

> Trago na palma das mãos,
> não somente a alma,
> mas um rubro calo,
> viva cicatriz, do árduo
> refazer de mim.

Trago na palma das mãos
a pedra retirada
do meio do caminho.

E quando o meu pulso dobra
sob o peso da rocha
e os meus dedos murcham
feito a flor macerada
pelos distraídos pés
dos caminhantes,
eu já não grito mais.
Finjo a não dor.

Tenho a calma de uma velha mulher
recolhendo seus restantes pedaços.
E com o cuspo grosso de sua saliva,
uma mistura agridoce,
a deusa artesã cola, recola,
lima e nina o seu corpo mil partido.
E se refaz inteira por entre a áspera
Intempérie dos dias.

(EVARISTO, 2017: 31)

O poema, cujo título anuncia o tema do amor (pela via da amizade), parte das mãos, parte do corpo mais uma vez escolhida para tratar da prática afetiva e de suas complexidades. Ele me parece dividido em duas partes, a primeira abrangendo as três primeiras estrofes e a segunda correspondente à quarta e última estrofe. Começo pela leitura da primeira parte.

Nas mãos está gravada a alma e a espiritualidade da mulher, mas não só: há também uma viva cicatriz, rubro calo que se inscreve nas linhas de seu corpo e na sua história de vida. As mãos carregam uma ferida que surge devido ao trabalho árduo de refazer-se, ou seja, o movimento de remediar outras feridas gerou também uma ferida que teima em se manter viva, visível e tátil. Na estrofe seguinte, a calosidade dá lugar à imagem de uma pedra pesada que materializa a causa do transtorno. A pedra foi retirada, no entanto continua a pesar na mão, dobrar o pulso, esmagar os dedos "feito a flor macerada/ pelos distraídos pés/dos caminhantes" e dilacerar a sujeita.

    O intertexto com o poema "No meio do caminho", de Carlos Drummond de Andrade, é explícito, como acontece em muitos poemas de Conceição Evaristo, conterrânea do poeta mineiro. O poema tautológico de Drummond sugere uma experiência traumática do sujeito diante de um obstáculo intransponível que se inscreveu em sua memória e se mantém atual. No poema de Conceição, a poeta atravessa a perplexidade diante do obstáculo e retira a pedra do caminho, porém ela também está fadada a viver os efeitos duradouros da interdição, que se inscreve em sua memória e em sua imagem corporal. O que chamei de interdição toma a forma não só da pedra, mas também de pés distraídos que pisam e maceram, pés desavisadamente opressores, que humilham. Estes pés desvalorizam a poeta e maceram não só seus dedos, mas também sua autoestima, demandando um trabalho árduo para refazer a psiquê fraturada. Essa é uma tarefa bastante dolorida de autocuidado e valorização de si. No poema, o calo fala não só sobre os impactos do trabalho braçal.

    Pensando no lugar de enunciação de Conceição Evaristo, me ocorre o intertexto com outras pedras, sobre as quais fala o poeta negro-brasileiro Cruz e Souza. Filho de pais escravizados que conquistaram a alforria, Cruz e Souza viveu uma vida de embates contra o racismo, engajando-se na luta abolicionista. Apadrinhado pelos antigos senhores de sua família, recebeu educação formal eurocêntrica e também o sobrenome branco dos padrinhos (Sousa), conforme o código de costumes que vigia durante o regime escravocrata. No poema em prosa "Emparedado", publicado no livro *Evocações* (1898), o poeta fala de uma "Dor estranha, formidável, terrível", que é a dor advinda das opressões do racismo, que ganhou bases científicas ao longo do século XIX: "Eu trazia, como cadáveres que me andassem funambulescamente amarrados às costas, num inquietante e interminável apodrecimento, todos os empirismos preconceituosos e não sei quanta camada morta, quanta raça d´África curiosa e desolada que a Fisiologia nulificara para sempre..." (SOUSA, 2008: 614). Cruz e Sousa fala das estratégias epistemicidas da ciência da época, que inferiorizavam pessoas não-brancas com base em teorias raciais, perturbando o reconhecimento do trabalho artístico de pessoas negras. Este poema em prosa, que é lido pela crítica como um manifesto, termina com a imagem de pedras que foram se acumulando ao longo de gerações, criando muros de racismo que emparedam o poeta negro. Eis o trecho final do poema:

> Não! Não! Não! Não transporás os pórticos milenários da vasta edificação do Mundo, porque atrás de ti e adiante de ti não sei quantas gerações foram acumulando, acumulando pedra sobre pedra, pedra sobre pedra, que para aí estás agora o verdadeiro emparedado de uma raça.
>
> Se caminhares para a direita baterás e esbarrarás ansioso, aflito, numa parede horrendamente incomensurável de Egoísmos e Preconceitos! Se caminhares para a esquerda,

outra parede, de Ciências e Críticas, mais alta do que a primeira, te mergulhará profundamente no espanto! Se caminhares para a frente, ainda nova parede, feita de Despeitos e Impotências, tremenda, de granito, broncamente se elevará ao alto! Se caminhares, enfim, para trás, ah! ainda, uma derradeira parede, fechando tudo, fechando tudo — horrível! — parede de Imbecilidade e Ignorância, te deixará num frio espasmo de terror absoluto...

E, mais pedras, mais pedras se sobreporão às pedras já acumuladas, mais pedras, mais pedras... Pedras destas odiosas, caricatas e fatigantes Civilizações e Sociedades... Mais pedras, mais pedras! E as estranhas paredes hão de subir, — longas, negras, terríficas! Hão de subir, subir, subir mudas, silenciosas, até as Estrelas, deixando-te para sempre perdidamente alucinado e emparedado dentro do teu Sonho... (SOUSA, 2008: 631-632).

As pedras em Cruz e Sousa criam uma situação claustrofóbica, em que o sujeito se vê sem condições de seguir o caminho apontado pelo seu sonho, interceptado por rochas que se transformaram em paredes de Egoísmo e Preconceito, Ciências e Críticas, Despeitos e Impotências, Imbecilidade e Ignorância. Para o poeta, que viveu entre 1861 e 1898, não era possível tirar as pedras do caminho. Para Conceição Evaristo, levantá-las com as mãos é viável, mas isso não faz com que a poeta se veja livre delas. Ao contrário, as pedras esmagam, criam feridas na alma e abalam a sua saúde emocional: "eu já não grito mais./Finjo a não dor." Aqui retorna o padrão apontado por bell hooks, de "esconder ou mascarar emoções" como estratégia de sobrevivência à violência racista (WERNECK et al, 2006: 190). Mas como refazer-se nestas condições?

A segunda parte do poema é dedicada a esta questão. A poeta refaz-se através da intercessão da "deusa artesã", mulher velha que recolhe os pedaços da poeta fragmentada e embala o seu corpo mil partido até que ele renasça. Nanã, cuja dança com o Ìbírí imita o ninar de uma criança, é orixá feminino da lama original, matéria a partir da qual os seres humanos são modelados. É a avó e amiga mítica a quem Conceição Evaristo recorre, sendo a amizade um unguento para tratar das feridas. Os mortos e os ancestrais são filhos de Nanã, orixá relacionado também à agricultura e ao renascimento. Segundo Juana Elbein, "para engendrar, ela precisa ser constantemente ressarcida. Ela recebe, em seu seio, os mortos que tornarão possíveis os renascimentos"(SANTOS, 2012: 86). A porção de lama tomada durante a criação de um ser humano precisa ser reparada e devolvida à Nanã ao fim do ciclo de uma vida. Sua relação com a terra lhe confere a qualificação de orixá da justiça: "Por causa de seu poder, a terra é invocada e chamada a testemunhar em todos os tipos de pactos (...) Em caso de litígio ou traição, acredita-se que a terra fará justiça (...) É nessa capacidade que Nàná é qualificada de Sàálàre: Òrisà da láàre/ Òrisà da justiça." (SANTOS, 2012: 89). Portanto, podemos ler o orixá Nanã como emblema da reparação e da justiça para o povo negro.

Na busca de cura após o contato com "a árida intempérie dos dias", o ritual religioso de matriz africana surge como um recurso de amparo psíquico e reparação, sendo guia nas trilhas do autocuidado e do autoamor, restabelecendo a inteireza e a dignidade humanas apesar das vivas cicatrizes. No poema "Frutífera", o autoamor surge aliado ao prazer de conhecer e desfrutar do próprio corpo, desejante e desejado:

Frutífera

– Da solidão do fruto –
De meu corpo ofereço
as minhas frutescências,
casca, polpa, semente
E vazada de mim mesma
com desmesurada gula
apalpo-me em oferta
a fruta que sou.

Mastigo-me
e encontro o coração
de meu próprio fruto,
caroço aliciado,
a entupir os vazios
de meus entrededos

– Da partilha do fruto –
De meu corpo ofereço
as minhas frutescências,
e ao leve desejo-roçar
de quem me acolhe,
entrego-me aos suados,
suaves e úmidos gestos
de indistintas mãos
e de indistintos punhos,
pois na maturação da fruta,
em sua casca quase-quase
rompida,
boca proibida não há.

(EVARISTO, 2017: 70)

O poema propõe um contato intensivo com o corpo feminino: mãos, punhos, dedos, boca e vulva. Também dividido em duas partes, ele descreve a passagem do estado de solidão ao de partilha do prazer com outra pessoa. Estas partes se complementam, havendo uma relação em que uma é consequência da outra. Para partilhar o prazer com outra pessoa é preciso primeiro encontrar prazer consigo própria e conhecer o próprio corpo. Os dois momentos do poema são sinalizados através de um refrão que se repete com uma pequena, porém significativa alteração: "– Da solidão do fruto –/ De meu corpo ofereço/ as minhas frutescências" e "– Da partilha do fruto –/ De meu corpo ofereço/ as minhas frutescências".

A fruta é a metáfora do corpo, lugar onde amadurecem as sementes que vão multiplicar a vida. A fruta é saborosa e suculenta para atrair os apetites, transbordar e abrir-se, deixando romper sua casca. "Frutífera" é um poema sobre o gozo feminino, que vaza e transborda, em excesso. A primeira a desfrutar deste corpo cheio de vida é a sua dona, que se mastiga e prova de seu próprio sabor, encontrando solitariamente o prazer de tocar-se com as mãos que, aqui, não estão feridas tampouco ocupadas por pedras. Os dedos não estão macerados por pés distraídos, mas sim preenchidos e saciados pelo contato com "o coração de meu próprio fruto".

Não há obstáculos para a experiência prazerosa de encontro consigo mesma, de modo que as pedras que impediam o exercício do autoamor foram retiradas do caminho. As pedras mencionadas pelo poema "Amigas" poderiam assumir a representação do auto-ódio que muitas pessoas negras carregam, fruto do racismo internalizado. Sobre os entraves ao autoamor vivido por pessoas negras, fala Joice Berth:

> Para grupos dominantes o autoamor é construído ao longo de suas vidas, seja pelo reforço positivo da masculinidade – no caso do homem –, seja pelo reforço positivo estimulado pela visão de si mesmo em todos os espaços, especialmente como padrão de tudo de melhor que a pele branca significa. Mas para grupos oprimidos, o desgaste na relação desenvolvida consigo mesmo é tremendamente afetado pela pressão social negativa, tanto pela ausência de sua autoimagem como reforço positivo, como pela insatisfação alimentada pela crença que assimilam das estratégias de grupos dominantes, de inferioridade e de subalternidades 'naturais'. Em outras palavras, eles passam por processos contínuos de desqualificação, enfraquecendo sistematicamente suas possibilidades de desenvolver o amor por si mesmo e o reconhecimento de seus pontos positivos e até de sua humanidade. Sendo assim, ainda podemos considerar a rejeição a si mesmo enquanto indivíduo, que estará projetada em seus pares sociais, promovendo a impossibilidade de formarem relações saudáveis, sejam de amor ou de amizade. Falar de afetividade de uma maneira global é falar do cultivo de autoestima em sua completude (...) conjuntamente com um movimento no sentido de aprender a amar-se de fato para poder distribuir esse amor de maneira fluída... (BERTH, 2018: 121-122)

A pensadora trata do autoamor como algo que é construído ao longo da vida, apontando que pessoas negras têm esse processo prejudicado pela falta de reforço positivo da autoimagem devido a ideologia racial que as desvaloriza e inferioriza. Na passagem, ela fala do enfraquecimento sistemático das possibilidades de amar, o que a poesia e a teoria negro-feminina que leio aqui reconhecem como problemático e tentam atuar na construção de autoimagens positivas e reconstrução da autoestima. A valorização da autoestima tem reflexo na melhora qualitativa das relações amorosas entre pessoas negras, pois "a rejeição a si mesmo enquanto indivíduo ... estará projetada em seus pares sociais".

É preciso abrandar o ódio contra si mesma para que seja possível amar uma imagem semelhante, o que só pode ocorrer quando o parâmetro falobrancocêntrico é abandonado. Essa operação é encenada na segunda parte do poema, na qual a poeta, após desfrutar-se, pode se oferecer em partilha a uma igual, "de indistintas mãos/ e de indistintos punhos". O espelhamento remete à imagem do abebé de Oxum, que mais uma vez retorna no interior desta poética. Ele assume aqui uma dimensão curativa, permitindo que a mulher negra rompa com o auto-ódio engendrado pela internalização do racismo e do sexismo. A esse respeito, fala o filósofo Renato Noguera:

> O sexismo produz desvios de imagem prejudiciais à mulher, fazendo com que desvalorize a própria imagem e esteja especialmente atenta a qualquer defeito ou imperfeição. O espelho de Oxum trata dessas imagens distorcidas. A divindade provoca uma reavaliação da baixa autoestima produzida pelas sociedades patriarcais, patrilineares e pautadas na exploração e desvalia das mulheres. (NOGUERA, 2017: 94)

Assim, o olhar-se ao espelho transforma-se em uma potência defensiva que reconstrói a autoestima de mulheres negras através da reflexão e descolonização do olhar.

Boca proibida não há, sendo o rompimento com o padrão falocêntrico o caminho do prazer, que é via para romper com as cascas que mantém a mulher negra no lugar de preterimento afetivo e solidão. O poema suspende a interdição a narrativas afetivas dissidentes, liberando o trânsito e o exercício das bocas, lugar de produção de discurso e também gozo. A duplicação da imagem da mulher assume os contornos de uma relação erótica entre mulheres negras que se espelham uma na outra, nisso encontrando prazer. Essa encruzilhada entre lesbianismo e abebé remete ao itan "Oxum seduz Iansã", que explica porque Oxum foi morar nas águas doces. Assim conta o Itan:

> Uma vez Oxum passou pela casa de Iansã e a viu na porta.
> Ela era linda, atraente, elegante.
> Oxum então pensou: "Vou me deitar com ela".
> Oxum era muito decidida e muito independente.
> Oxum resolveu roubar a coroa de Iansã.
> E assim, muitas e muitas vezes, passou na frente daquela casa.
> Levava uma quartinha de água na cabeça,
> e ia cantando, dançando, provocando.
> No começo Iansã não se deu conta do assédio,
> mas depois acabou por se entregar.
> Mas logo Oxum se dispôs a nova conquista
> e Iansã a procurou para castigá-la.
> Oxum teve de fugir para dentro do rio,
> lá se escondeu e lá vive até hoje.

(PRANDI, 2001, 325-326)

Na narrativa, o motivo de Oxum ser a orixá das águas doces, seu principal emblema, está relacionado à relação erótica com Iansã, orixá dos ventos e tempestades. A poeta Tatiana Nascimento cita este e outros itans que vão contra o padrão heteronormativo, buscando na ancestralidade possibilidades múltiplas de pessoas negras vivenciarem o amor e a beleza, segundo uma perspectiva diaspórica e decolonial. Sobre o seu posicionamento a este respeito, desenvolverei-o mais adiante. Conceição Evaristo tem alguns poemas que falam da relação amorosa entre mulheres, como o "Canção pr´amiga", em que se apropria de gênero textual canônico característico da lírica trovadoresca galego-portuguesa:

Canção pr'amiga

Venha, minha dona, não tarde mais,
venha, minha diva, minha dádiva,
venha, minha perpétua flor,
e ouça meus soluçados ais...

Venha, minha dona, não tarde mais,
venha, minha senhora, minha deusa,
e me tome sem demora,
que o amor é como ondas
faz, refaz, desfaz...

Venha, minha dona, não tarde mais,
venha, minha amiga, minha seiva,
e me receba como um ganho,
a oferenda do amor é joia rara,
não resiste à espera, à tardança,
volátil fragrância, de breve apanho

Venha, minha dona, não tarde mais,
venha, flor gêmea da minh'alma,
venha cumprir a nossa doce sina,
venha sem mais demora, venha,
antes que a bonança nos escape
e a tormenta dos tristes dias
nos abrace.

(EVARISTO, 2017: 75)

Conceição Evaristo faz, neste poema, uma paródia das cantigas de amigo medievais, cuja tradição traz sujeitos líricos femininos imaginados e produzidos por homens. O tema da amizade entre mulheres, presente no poema "Amigas", retorna aqui carregada de ambiguidade.

Nas cantigas de amigo, os poetas galego-portugueses encenavam a voz de uma jovem apaixonada de origem popular, muitas vezes ansiosa por rever o seu amado, vivendo experiências eróticas ou pedindo conselhos às suas amigas ou à sua mãe. É importante contextualizar que esta estratégia textual se desenvolveu em "uma sociedade constrangida no espartilho da recriminação católica do prazer" (COVAL, 2014: 133). Nelas, predomina o modelo heteronormativo e cristão de relação entre pessoas brancas, sendo lançados também modelos de beleza e conduta feminina. Segundo a pesquisadora Olga Coval, "se não podemos através dos textos estereotipar a beleza feminina da época e elaborar um retrato translúcido como o de uma Laura, podemos ao menos afirmar com toda a segurança que a mulher ideal se apresentava de cabelos longos, esguia, de olhos claros e de espírito trabalhador, humilde e pacífico" (COVAL, 2014: 127). Tendo em vista estes elementos que caracterizam o gênero, é possível perceber as intenções da releitura paródica realizada pela poeta contemporânea.

Na "Canção pr'a amiga" não só o lugar de enunciação é feminino, mas a autoria é de uma mulher que desde sua negritude se insurge contra a mirada hegemônica branca e masculina que ainda se impõe. A poeta endereça sua cantiga para uma outra mulher, mas não para falar sobre o desejo pelo "amigo". O poema rompe com a triangulação que colocava o desejo pelo homem como elo de ligação entre mulheres, fazendo o desejo entre as "amigas" ser o motivo central da interlocução. O amigo não faz parte desta conversa em nenhum âmbito, o que demanda da poeta produzir diversos desvios dentro da estrutura tradicional deste gênero textual.

A musicalidade característica das cantigas de amigo, construída através de repetições e paralelismos próprios de uma literatura mnemônica e oral, é empregada por Evaristo. A forma verbal "venha" retorna continuadamente ao longo dos versos, fazendo apelo à volta da dona, também chamada diva, dádiva, perpétua flor, senhora, deusa, amiga, seiva, flor gêmea. São muitos os epítetos que apelam à mulher amada que está distante e de quem a poeta sente falta. O tema tradicional da distância da pessoa amada comparece, assim como a metáfora das ondas associada ao desejo amoroso. No entanto, estes emblemas são rasurados, devido seu funcionamento acontecer segundo uma outra lógica de enunciação. Em uma das cantigas de Martim Codax, a voz feminina interpela as ondas do mar, pedindo notícias do amigo amado:

> Ai ondas que eu vim veer,
> se me saberedes dizer
> por que tarda meu amigo sem mim?
>
> Ai ondas que eu vim mirar,
> se me saberedes contar
> por que tarda meu amigo sem mim?[49]

Se na cantiga medieval a voz feminina lamenta a falta do amigo, na cantiga contemporânea ela não se condói da ausência masculina, ansiando pela chegada da amiga. As ondas do mar

---

[49] https://cantigas.fcsh.unl.pt/cantiga.asp?cdcant=1308&pv=sim

não estão associadas ao masculino, conforme ocorre nas cantigas tradicionais. Há uma urgência no convite à amiga, pois o amor é inconstante, tal qual ondas que se fazem, desfazem, refazem, sem dar garantias. O tema do *carpe diem* se desenha tal "volátil fragrância", porém o desejo expresso pelo convite é como oferenda do amor, um ebó que deve ser recebido como joia rara e como um "ganho". Há aqui um trocadilho entre "ganho" e "galho", imagem fálica bastante presente na lírica trovadoresca que é burlada e reformulada. Em sua paródia das Cantigas de Amigo, Conceição Evaristo desvia da ordem fálica-cristã-brancocêntrica e experimenta outros imaginários afetivos para mulheres negras, possibilitando que suas autoestimas sejam reconstruídas.

Alguns dos *Poemas da recordação* que tematizam o amor falam de relações heterossexuais, como "Se à noite fizer sol", "Medo das dores do parto", "A menina e a pipa-borboleta" (que não trata de uma relação amorosa, e sim de violência sexual) e "Negro-estrela". Escolho ler este último:

Negro-estrela

Em memória de Osvaldo, doce companheiro meu, pelo tempo que a vida nos permitiu.

Quero te viver,
vivendo o tempo exato
de nossa vida.
Quero te viver na plenitude
do momento gasto
vivendo em toda sua essência
sem sobra ou falta.

Quero te viver
me vivendo plena
do teu, do nosso
vazio buraco.

Quero te viver, Negro-Estrela,
compondo em mim constelações
de tua presença,
para quando um de nós partir,
a saudade não chegar sorrateira,
vingativa da ausência,
mas chegar mansa,
revestida de lembranças
e amena cantar no peito
de quem ficou um poema
que transborde inteiro
a certeza da invisível presença.

(EVARISTO, 2017: 109)

No poema em memória do ex-companheiro, a poeta fala de um amor maduro e abundante. Como é marca do estilo de Conceição, a musicalidade é dada pela repetição de um refrão, "quero te viver", sugerindo o desejo de preservar vivo algo da relação dos dois que parece ter sido interrompida apenas pelo falecimento do parceiro. Trata-se então de um relacionamento duradouro em que ambos dedicaram tempo para cultivar o amor recíproco. O corpo, bastante presente nos poemas anteriores, aqui quase não aparece, apontando para uma ligação espiritual na relação entre o casal. A espiritualidade está intensamente ligada à imagem da estrela, que remete ao saber popular que diz de quando uma pessoa morre, ela se transforma em uma estrela, mantendo no cotidiano dos vivos a presença-ausência, ou a invisível presença, dos ancestrais.

Há uma estrofe que gostaria de destacar: "Quero te viver/me vivendo plena/do teu, do nosso/vazio buraco". Nela, a presença-ausência que atravessa todo o poema dialoga com a plenitude-vazio necessária para a construção desta relação de cultivo do amor. Assim, o que mantém o casal unido não é a busca platônica pela completude no amor, em que um serviria de preenchimento à falta do outro, mas sim a partilha de uma falta, "nosso vazio buraco". É esta uma relação que desidealiza o amor romântico, superando, por exemplo, o modelo da vassalagem amorosa, presente na tradição trovadoresca. A mulher, para viver o amor pelo seu parceiro, vive-se plena, sem abdicar de suas escolhas e necessidades.

Corroborando com a imagem do amor como uma experiência prazerosa e serena, equilibrada e curativa, leio um poema de Tatiana Nascimento publicado em *Lundu,,* uma (re)definição do amor:

Amor:

leve a pena de maat
nada além do que me bate
transpar-essência é ser forte
fortaleza nu core, diz-cerne y sorte
a minha
caminhar amante
sob teu
norte

(NASCIMENTO, 2017: 93)

O poema-verbete traz no primeiro verso uma referência ao antigo Kemet, posteriormente nomeado pelos europeus como Egito. Para construir uma definição do que seja o amor desde um ponto de vista afrocentrado, Tatiana Nascimento redefiniu pontos de partida epistêmicos para conhecer e ouvir o que faz seu coração bater, para carregar consigo "nada além do que me bate". Maat é uma deusa africana do Kemet (palavra que significa "terra preta"), cuja representação é de uma mulher negra que leva uma pena de avestruz na coroa, em uma das mãos o símbolo de Ankh (vida) e na outra um cetro. É uma deusa associada à verdade, à justiça e ao equilíbrio. De acordo com Renato Noguera:

> Maat é uma deusa muito importante na cultura egípcia (...) Ela é filha de Rá, deus do sol, casada com Toth, deus do conhecimento e da escrita, responsável por pesar o coração dos que deixam o mundo dos "vivos". Maat dá a medida da balança, o juízo pautado pela verdade. O endereço pós-morte física é um julgamento, ba – pode ser traduzido como coração [alma] – deixa o corpo material acompanhado do ka – força vital – vai, guiada pelo deus Anúbis, para o tribunal presidido pelo deus Osíris. Diante de Osíris, o coração da pessoa que deixou a vida terrena é colocado num dos pratos da balança (Maa); Maat, deusa da justiça coloca sua pena de avestruz no outro prato. O objetivo é medir o peso, se o coração for leve, uma vida melhor será dada como recompensa, festejando a vida eterna. Mas, se o coração for mais pesado do que a pena, a pessoa iria se encontrar com Ammit, deus com cabeça de crocodilo, corpo de leão e membros inferiores de hipopótamo responsável por aterrorizar as pessoas que têm o coração pesado por uma vida fora da medida (da harmonia).
> (NOGUERA, 2013: 150-151)

Assim, após deixar a vida terrena, o coração (ba) e a força vital (ka) de toda pessoa do antigo Kemet era endereçada a um julgamento em que o coração seria pesado pela balança de Maat. A vida eterna seria alcançada pelo coração leve, mais leve que a pena de Maat, estando a verdade do sujeito concentrada em seu coração (alma). No poema, o amor é associado à leveza conquistada através da harmonia e equilíbrio das emoções, à serenidade que advém do conhecimento de si, que "diz-cerne", ou seja, usa a linguagem para chegar ao cerne de si, dos seres e da vida. O coração não pode sobrecarregar-se do que lhe é alheio se quiser manter-se leve ("nada além do que me bate") e é essa a busca pelo amor segundo a poeta. Os versos falam de força, "fortaleza nu core", tópico frequente quando se fala em mulheres negras, no entanto a força deve ser compatível à leveza e ao conhecimento do cerne de si para ser verdadeira. É o coração quem bate e marca o ritmo vital do poema que pulsa no sentido de garantir a saúde emocional e ética da sujeita.

Na busca de leveza para vivenciar o amor segundo um paradigma diaspórico e afrocentrado, se constroem os versos de "Lundu,", poema que dá título ao livro de estreia de Tatiana Nascimento:

> lundu,
>
> > vem cá, deita em mim que nem ar que de tanto amar a gravidade deita em cima de tudo que tem na superfície da terra y empurra quem tá dentro dela, ou que
> > nem água vai se deitando em ondas sobre toda areia de qualquer praia pela dança do humor das marés, vindo indo no fluxo do vento, da lua, do sol, até,
> > se te fizer sentido

ou então chama de F31. oceânicas se te apetecer, que elas são
imprevisíveis, as ondas são imprevisíveis pra afobação contida
dum relógio, um diagnóstico de
"doença mental". mas vem, deita aqui que eu te recebo, y todo
seu desejo, refluente mas sempre

presente
ao mesmo tempo embrulhado y anunciado do silêncio
que suas várias vozes calam,
mas sempre

presente. eu quero que c me queira tanto y lento que nem um
anú pairando no vento, pra quem o ar é casa tanto quanto a
asa é força da expressão de sua
graça, da engenharia sutil do seu povo, uma herança
alada

que c pouse esse eu me tremer por dentro num sopro de saliva
quente que nem vida significa ar prum anú muito além da
pérola macia da pleura dele...

no querer do seu desejo meu desejo refez inteiro (é que eu
não nasci lésbica)
na arrebentação do meu desejo te quero oceano ao avesso
(uma hipotenusa desértica) é assim que eu sinto o que é
dialética, y esse meu abandonar também dança

uma diáspora

tem um som um som que seu cabelo faz no meio do meus
dedo é quase um tom específico de crespo guardado entre
as camadas de uma voz sua sampleando cada pétala de flores
como na sua boca toda tragédia fosse virar música de novo

(beat box)

é que eu te vi dançar, y em menos de um instante eu já sabia que ia fugir tudo dentro de mim se eu não te respirasse feito um cheiro antigo estranho familiar nítido se você não fosse a pele exata da noite embaixo do sonho escuro de minhas pálpebra

aí eu voltei lá y prometi pra todas elas, sopro do mar, ondas do vento, gotas de sol fossilizando na minha pele o corpo evaporado de água-mar em pedrículas de alma-sal, uma lembrança eu prometi que eu dançava um lundu pra você quando esse desejo chegasse

y recuasse
avançasse
y recuasse
assentasse

y recuasse molhando fundo ancestral perene turvo tudo que transborda de você y eu na beira desse abismo,
beira do mar.

na beira do mundo, as ondas deitam na maré pra encher assim como o vento deita num pulmão pra suceder a escuridão deita no horizonte pra anoitecer
y eu
deito
em você.

(NASCIMENTO, 2017: 40-41)

O poema é uma longa declaração de amor a lundu, uma mulher a quem a poeta se dirige apelando pelo retorno. Lundu é o nome dado a uma dança brasileira de origem africana e música que a acompanha, também podendo significar mau humor e amuo (LOPES, 2012: 147). Enquanto dança e música, lundu é associada a uma constelação de imagens que evocam leveza, como o ar, as águas, a areia, o vento, o sopro, o som e o voo do anú, pássaro característico da região do Cerrado, bioma do Centro-oeste brasileiro (lugar de origem da poeta brasiliense). A própria oralidade do poema, presente na concordância, nas formas coloquiais e na sugestão de *beat box*, trazem a leveza e o dinamismo da palavra ativa, cheia de axé. Mais uma vez, amor e leveza estão unidos.

Há uma inconstância na relação entre a poeta e lundu, que parece relacionada às oscilações de humor sugeridas pela própria palavra e também pela menção à "F31", terminologia médica que, segundo o CID (Classificação Estatística Internacional de Doenças e Problemas Relacionados com a Saúde), designa o transtorno afetivo bipolar. No poema, a imprevisibilidade do humor é comparada às ondas do mar, à "dança do humor das marés", que é descrita de modo sensual e desejável como marca a dança do lundu marajoara, cultivado no Pará. A poeta apela à lundu para que retorne, se aproxime, chegue junto ("vem cá"), formando imagens em que o envolvimento amoroso ganha a materialidade de um corpo coberto e acolhido por outro corpo.

A relação amorosa é descrita através da conjunção de elementos naturais, de modo que o discurso faz convencer que a união das amantes é parte de uma integração cósmica, assim como faz crer que o movimento refluente, de idas e vindas, avanços e recuos, é condição mesma do desejo (como é condição do mar o movimento das marés), e não parte de um estado insalubre sentenciado por um diagnóstico médico. Parece ser do desejo a condição de estar à beira do abismo ("y eu na beira desse abismo,/ beira do mar."). É essa a forma deste amor que, por vários aspectos, marca sua singularidade e dissidência em relação ao padrão heteronormativo. A inconstância de ambas as partes não gera dor, e sim prazer: "y todo seu desejo,/ refluente mas sempre/ presente", "y esse meu abandonar também dança/ uma diáspora". É importante lembrar que o lesbianismo e a homossexualidade foram patologizadas durante muitos anos pelo Ocidente, integrando a lista de doenças mentais da OMS (Organização Mundial de Saúde) até os anos 1990. Só muito recentemente, em 2018, a transexualidade deixou de ser diagnosticada como transtorno de identidade de gênero. Segundo o site do CLAM (Centro Latino-Americano em Sexualidade e Direitos Humanos),

> Na CID-10, o capítulo 5 (Doenças Mentais e Comportamentais) define, através das categorias F66, três transtornos ligados à orientação sexual: "sexual maturation disorder", que situa a orientação sexual (homo, hetero ou bissexual) como causa de ansiedade ou depressão em razão da incerteza do indivíduo quanto ao seu desejo; "ego-dystonic sexual orientation", quando o indivíduo, embora seguro de sua orientação, deseja mudá-la; e "sexual relationship disorder", manifesta nos casos em que a orientação é responsável pela dificuldade em formar ou manter um relacionamento com um parceiro sexual.[50]

No poema, o desejo entre mulheres lésbicas é vivido como um estado de saúde vital e orgânico, como "as ondas deitam na maré pra encher assim como o vento deita num pulmão pra suceder a escuridão deita no horizonte pra anoitecer". A inconstância

---

[50] Disponível em http://www.clam.org.br/noticias-clam/conteudo.asp?cod=11863 Acessado em julho de 2019.

não é encarada como um sofrimento propriamente, mas uma possibilidade dentro daquela relação particular. Contra a melancolia lunduzeira e banzeira, o desejo descolonizado e livre de amarras epistemológicas viabiliza o desenvolvimento da capacidade de pessoas negras, mulheres e homens, amarem e receberem amor, reconstruindo suas subjetividades: "como na sua boca toda tragédia fosse virar música de novo".

A respeito da afirmação de outros modos de amar, viver e ser, fala o verso de "Marabô", primeiro poema de *Lundu,*: "(devanei(gr)os desde meu cuíerlombismo)" (NASCIMENTO, 2017: 7). O termo cuíerlombismo, cunhado pela poeta, parte da teoria queer e do conceito de quilombo para tratar da necessidade de pessoas negras LGBTQI+ tomarem posse da narrativa de suas subjetividades, reconectando-se com uma ancestralidade diaspórica sexual-dissidente. Para isso, é importante superar a estética da dor e também da denúncia que acabam por engessar o imaginário da literatura afro-brasileira, limitando a experimentação de subjetividades imprevistas e diversas. "quem inventa a noção de miséria, escassez, pobreza e sofrimento como integrantes à negritude é a empreitada colonial de sequestro/tráfico/exploração, por isso tal retórica ser fundamental à sustentação do racismo" (NASCIMENTO, 2019b: 18). A poeta problematiza a denúncia contra o racismo tomar o lugar da invenção de novas formas autodeterminadas de organização psíquica e social para a população negra. É importante que a poesia possa não só denunciar, mas também anunciar novas realidades e perspectivas de futuro. Assim, o cuíerlombismo propõe a expansão do sentido tradicional de resistência:

> Refundar a noção de literatura negra, vista como combativa, de denúncia do racismo, idealizada em modelos de 'homem

> negro' e 'mulher negra' binário-htciscêntricos, questionar esse jeito de fazer, ler, compreender literatura negra no qual dor, sofrimento, heroísmo, revolta, heterociscentridade seriam temas dominantes. (...) a denúncia como diagnóstico, desconstrução, chama o passo seguinte: anúncio, (re)criação. (NASCIMENTO, 2019b: 15-16)

Assim, a literatura cuíerlombista é aquela em que artistas exercem suas humanidades através da descoberta e expressão de suas complexidades subjetivas, tendo direito ao devaneio, ou melhor, ao devanei(gr)o. O devanei(gr)o também é resistência, por interromper a repetição de imagens estereotipadas produzidas pelo imaginário racista colonial, construindo discursos que não apenas respondem aos estereótipos, mas principalmente fundam imaginários. Superando a retórica do sofrimento e da dor, os devanei(gr)os costumam ser menos legíveis e assimiláveis pela branquitude, que aceita e consome bem a denúncia.

Tatiana Nascimento lembra que o racismo colonial se fundou no silenciamento e nas expectativas sexuais sobre os corpos negros, hiperssexualizados e heterocisnormatizados através de estereótipos como os da mulata sensual ou do negro viril e estuprador. A poeta descola a negritude desse engessamento afetivo, legitimando diversas formas de ser e amar através da ancestralidade africana: "a negritude lgbtqi+ enfrenta estereótipos que taxam homossexualidades/dissidências sexuais de 'praga branca' (...) consequentemente, orientações sexuais, identidades de gênero, práticas de sexo-afeto que são, efetivamente, negramente ancestrais y documentadas em mitos fundacionais (como os itans) são ditas embranquecimento/colonização" (NASCIMENTO, 2019b: 5). O resgate e recriação de itans cuíer produz "subsídios históricos da dissidência sexual negra na diáspora"[51], permitindo a autodeterminação afetiva de pessoas negras LGBTQI+, que afirmam suas existências não-padrão e exercem suas humanidades integrais.

A respeito da legitimidade da dissidência sexual entre pessoas negras, fala o poema do livro *07 notas sobre o apocalipse ou poemas para o fim do mundo* (2019), todo dedicado ao amor cuíerlombola:

> Manifesta queerlombola, ou tecnologia/ ancestral/ de cura/ amor/ y de/ prazer:
>
> cola-velcro – é da diáspora
> qüenda-neca – é da diáspora
> morde-fronha – é da diáspora
> gilete ("corta-
> pros-2-lado") – é
> da
> diáspora
>
> viadagem
> é coisa de pretx sim
>
> queerências
> é coisa de pretx sim
>
> transex assex bissex pansex
> é coisa de pretx sim
>
> o continente que inventou o mundo
> inventou tb muitos jeitos de e

---

[51] Disponível em https://palavrapreta.wordpress.com/2018/03/12/cuierlombismo/ Acessado em julho de 2019.

> star no mundo, que
> "gente é pra brilhar
> não pra morrer"
> sem nome.

(NASCIMENTO, 2019: 35)

O poema dialoga diretamente com o trecho citado do ensaio, trazendo a reflexão política e filosófica para outra forma. Os nomes criados pelo imaginário popular para identificar a dissidência sexual, comumente carregados de cunho pejorativo, são ressignificados na primeira estrofe, sendo reivindicados como práticas diaspóricas, afrocentradas e anteriores à colonização. Os nomes aqui não funcionam como estigmas ou interdições (o que assume um tom irônico), mas como modos de viver com os quais a poeta se identifica e reconhece como ancestrais, "cheiro antigo estranho familiar" como mencionado no poema "Lundu,". A diversidade de experiências da sexualidade é festejada ao mesmo tempo em que é reivindicado o direito de autodeterminação sexual de pessoas negras. Para demonstrar que "o continente que inventou o mundo/inventou tb muitos jeitos de e/star no mundo", Tatiana Nascimento narra, em seu ensaio sobre o cuíerlombismo literário, alguns itans da tradição iorubá em que estão documentadas práticas sexuais que fogem ao modelo ocidental heterocisnormativo. Além da narrativa em que Oxum seduz Iansã, já citada neste capítulo, a poeta traz histórias de Otim, Oxóssi e Ossanha:

> Há um itan sobre Otim ser filha muito amada dum pai guardião de seu segredo: ter 4 peitos. quando o segredo é quebrado, Otim corre virando um rio abraçado /recebido por

Yemanjá (...) mas meu itan preferido sobre Otim conta que ele, príncipe lindo vivendo em reino farto, se cansa de sua vida, foge pra mata, lá decide ficar. sem saber como sobreviver só, passa fome, medo, e dorme. no sonho, ouve: que abra mão de tudo que tem, ofereça em sacrifício de fé, & será acudido. Otim acorda, se despe, oferenda. é encontrado e resgatado por um famoso caçador, o mais conhecido da família de Odé: Óxossi, o provedor, que veste Otim com novas roupas e o ensina o ofício de caçador. além disso, guarda consigo o segredo de Otim: ter peitos e buceta (ou, como diz a versão sexo-biologizante, ter 'corpo de mulher'). em outro itan, Oxossi, filho amado de Yemanjá, pede licença pra conhecer o mundo das terras, onde conhece um impressionante rapaz sabedor de tudo quanto é magia das folhas, "o espírito da mata", Ossanha, que por Odé se apaixona, fazendo amarração herbal do amor; mas quando o feitiço acaba, ainda assim Oxóssi vive com Ossanha, abandonando o reino vasto, oceânico, aquoso de sua mãe, tornando-se senhor da mata. (NASCIMENTO, 2019b: 7-9)

A retomada e recontextualização dos itans servem aqui à descolonização que cria possibilidades para a autodeterminação, a vivência do amor entre pessoas negras lgbtqi e a cura das feridas provocadas pela violência racista heterocissexista. Em uma versão mais extensa deste ensaio a que me refiro, a poeta cita Sobonfu Somé, que fala sobre o significado sagrado da homossexualidade entre os Dagara, povo que habita regiões de Gana, Costa do Marfim, Togo e Burkina Faso: "em 'o espírito da intimidade', a escritora sobonfu somé (...) conta como pra seu povo, a etnia dagara, é comum e socialmente inserida num contexto religioso a relação entre homossexualidade e espiritualidade. num dos capítulos finais do livro em que ela se dedica a compartilhar formas mais saudáveis

(...) pra se viver a heterossexualidade, ela conta sobre os 'guardiões do templo', pessoas que fazem uma ponte entre o mundo de quem vive e o de quem já foi – e que são homossexuais."[52] Segundo a pensadora burquinense, entre os Dagara toda sexualidade tem base no espírito e os homossexuais são pessoas que têm um papel social estabelecido na comunidade, já que entende-se que têm acesso a um conhecimento diferente e acesso a outras dimensões da vida, sendo consultados por anciãos e conselheiros. São mediadores entre o mundo da aldeia e o mundo do espírito, entre o sexo feminino e o masculino, ajudando a resolver conflitos. Sobonfu Somé comenta sobre a rejeição do Ocidente aos homossexuais e diagnostica que "uma cultura que esqueceu tanto sobre si mesma desloca certos grupos de pessoas, como a comunidade gay, de seus verdadeiros papéis." (SOMÉ, 2007: 141).

A "tecnologia/ ancestral/ de cura/ amor/ y de/ prazer" a que se refere Tatiana Nascimento no título de seu poema parece, portanto, aliada ao autoconhecimento, que as pessoas negras precisam buscar. Realizar o conhecimento de si através do amor, do prazer e da conexão com a espiritualidade revela as potencialidades do erótico no rompimento com o auto-ódio e a colonialidade. O erótico de que falo nada tem a ver com a vulgaridade, com a obscenidade ou a objetificação, posto que, como a pensadora lésbica afro-americana Audre Lorde, entendo-o como um recurso baseado no poder dos nossos sentimentos "impronunciados ou não reconhecidos" que, quando acessado, pode produzir conhecimento e transformação. Lorde define o erótico como uma medida entre o conhecimento de si e o poder de nossos sentimentos, fazendo lembrar do julgamento de Maat:

---

[52] Disponível em https://palavrapreta.wordpress.com/2018/03/12/cuierlombismo/ Acessado em julho de 2019.

> O erótico é uma medida entre os princípios do nosso senso de ser e o caos de nossos sentimentos mais fortes. É um senso interno de satisfação ao qual, uma vez que o tenhamos vivido, sabemos que podemos almejar. Pois tendo vivido a completude dessa profundidade de sentimento e reconhecendo seu poder, em honra e respeito próprio não podemos exigir menos de nós mesmas.[53]

Segundo esta definição, o erótico é uma experiência que contribui para a descoberta e construção de um "senso interno de satisfação", sendo por isso importante para a autodeterminação de pessoas negras, que passam a colocar o "respeito próprio" em primeiro lugar, tornando-se o centro de suas experiências e narrativas. Esta priorização do "senso interno de satisfação" das pessoas negras é algo que o racismo tentar dilacerar ao estabelecer a branquitude como centro da subjetividade. Assim, o erótico pode ser canal para o exercício da subjetividade, a satisfação pessoal e a vivência do prazer. É, portanto, vital e curativo, um recurso para pessoas negras reconstruírem suas autoestimas e superarem o racismo internalizado que faz com que se diminuam e desvalorizem. Nas palavras de Audre Lorde:

> Quando nós vivemos fora de nós mesmas, e com isso digo em diretrizes externas unicamente ao invés de por nossa sabedoria e necessidades internas, quando vivemos longe daquelas guias eróticas de dentro de nós mesmas, então nossas vidas são limitadas pelas formas externas e alheias, e nós nos conformamos com as necessidades de uma estrutura que não é baseada em necessidade humana, quem dirá na individual. Mas quando começamos a viver desde dentro pra fora, em

---

[53] Disponível em https://traduzidas.wordpress.com/2013/07/11/usos-do-erotico-o-erotico-como-poder-audre-lorde/ Acessado em julho de 2019.

toque o poder do erótico dentro de nós mesmas, e permitindo esse poder de informar e iluminar nossas ações sobre o mundo a nosso redor, então nós começamos a ser responsáveis por nós mesmas no sentido mais profundo. Pois quando começamos a reconhecer nossos sentimentos mais profundos, nós começamos a desistir, por necessidade, de estar satisfeitas com sofrimento e autonegação, e com o entorpecimento que tantas vezes parece ser a única alternativa em nossa sociedade. Nossas ações contra a opressão se tornam integrais com ser, motivadas e empoderadas desde dentro.[54]

Entrar em contato com as guias eróticas internas se faz fundamental para pôr em perspectiva as diretrizes externas do racismo e delas libertar-se, criando um senso interno de autocuidado e autopreservação. É esse parâmetro interno, baseado nos sentimentos e não na racionalidade, que faz a mulher negra desistir da autonegação e do auto-ódio, orientando-se pela autodefinição. Sob este ponto de vista, "viver desde dentro" se torna, para pessoas negras, uma atitude política antirracista e descolonizadora, um modo de viver de acordo com epistemologias diaspóricas afrocentradas, exercendo o direito a autodefinir-se.

O combate integral à opressão é também possibilidade de cura para a subjetividade dilacerada. No texto "Autodefinição e minha poesia", Audre Lorde fala da escrita como recurso para construção do autoconhecimento e autodefinição, esse senso interno que se guia pelo Sul e não pelo Norte ocidental e eurocêntrico. Assim, ela fala sobre a importância de escrever sobre diferentes aspectos de si, sobre seus vários eus sem reduzi-los a uma tipologia, resistindo a uma rotulagem que queira definir o ser desde

---

[54] Idem.

um paradigma externo: "Eu sei (...) que se eu, Audre Lorde, não definir a mim mesma, o mundo externo certamente vai, e, como cada um/a de vocês vai descobrir, provavelmente vai definir cada um/a de nós em nosso detrimento, singularmente ou em grupos."[55]

Desde modo, é possível encontrar na conjunção entre o erótico e a escrita estratégias para a autodefinição, que é forma de combate aos danos provocados pelo racismo, pela homofobia e pela misoginia. Esta conjunção está presente na quinta das *07 notas sobre o apocalipse*:

> O amor é uma tecnologia de guerra (cientistas subnotificam arma-biológica) indestrutível
>
> A urgência dos nossos sonhos não espera
> o sono chegar: isso que a gente faz
> deitada
> tb chama
> revolução.
>
> sua palma, em linhas p
> retas, dança calor na minha pele
> (cores tortas, que somos).
>
> isso que
> aparenta um segurar-de-mãos
> ousado não é declaração de posse
> ou de mero par, casual que fosse, nem
> só demonstração de afeto pública,
> carícia brusca contra essas
> tropas, brutas

---

[55] Disponível em https://traduzidas.wordpress.com/2015/06/08/autodefinicao-e-minha-poesia-audre-lorde/ Acessado em julho de 2019.

(eles quase que nos
somem);

é nossa arma de guerra, "mana minha", desejada

amante,
y essa eles não vão
adulterar desativar corromper deturpar
denunciar na ONU caçar como terroristas
capitalizar sabotar (re)acionar – essa eles não podem

não sabem y nem quereriam

acionar –

essa é química
hormonal
visceral
astral
usa fonte de energia
renovável ("friccional")
é inesgotável reciclável tem

garantia

ancestral

o nome dela anda meio banal,
"afeto", "amor" (se bem que a tamos
reinventando...), mas ainda é nossa maior
tecnologia (y a mais vasta) en contra y
adelante a escassez dessa cruzada.

>   y eu não tenho
>   medo: a cada peito como o nosso a
>   briga a força de mil granadas
>   mesmo assim nem
>   se forçadas
>   paramos de lançar
>   primaveras pelos ares
>   (agourentos que eles cavam)
>
>   – eu acho
>   que faz tempo
>   que sonhamos acor
>   dadas, que nossa paz
>   é barulhenta,
>
>   y que da areia dos nossos olhos insones
>   a noite fabrica suas pérolas (de
>   amor, e de outras guerras):
>   & elas brilham como nós.
>
>   (NASCIMENTO, 2019: 21)

No poema, o contexto para o exercício do amor é o de "tropas, brutas", cenário de guerra, subnotificações científicas, territórios demarcados através da hostilidade, em que pessoas como a poeta precisam lutar pela sobrevivência. O amor entre pessoas negras, fora da norma binária e heterossexual, é assumido como modo de combate, arma biológica, bomba erótica, química e hormonal, com a potência de mil granadas. No entanto, a força revolucionária aqui vem do sonho, do espaço da intimidade, da capacidade de lançar primaveras apesar dos ares agourentos, de criar e imaginar futuros que ultrapassem a narrativa bélica de aniquilação de corpos negros fora do padrão heterocisnormativo. O poema anuncia (superando o gesto de apenas denunciar) a revolução como potência transformadora do sonho acordado ("A urgência dos nossos sonhos não espera"), que permite à sujeita ser e viver de acordo com o que lhe dá prazer, enfrentando as ameaças de uma sociedade reguladora da vida e produtora da morte daqueles considerados perigosos ou inimigos.

A dimensão biológica do combate em prol da existência e do exercício do amor entre lésbicas negras, – que é caracterizado como arma química, hormonal, visceral, também marcada por linhas pretas das mãos e cores tortas das peles –, remete a um cenário em que a vida é controlada por tecnologias de gestão e controle dos corpos, o que Foucault chama de biopolítica, fundamental para o desenvolvimento do capitalismo, que docilizou os corpos a fim de adequá-los à lógica da produção. Achille Mbembe parte do conceito de biopolítica para falar das formas contemporâneas de colonialismo e terror que, segundo ele, superam os limites do conceito foucaultiano. Mbembe fala de uma "cesura biológica" criada pelo bio-poder que define aqueles que devem viver e aqueles que devem ser mortos:

> Na formulação de Foucault, o biopoder parece funcionar mediante a divisão entre as pessoas que devem viver e as que devem morrer. Operando com base em uma divisão entre os vivos e os mortos, tal poder se define em relação a um campo biológico – do qual toma o controle e no qual se inscreve. Esse controle pressupõe a distribuição da espécie humana em grupos, a subdivisão da população em subgrupos e o estabelecimento de uma cesura biológica entre uns e outros.

> Isso é o que Foucault rotula com o termo (aparentemente familiar) 'racismo'. (...) Foucault afirma claramente que o direito soberano de matar (droit de glaive) e os mecanismos de biopoder estão inscritos na forma em que funcionam todos os Estados modernos; de fato, eles podem ser vistos como elementos constitutivos do poder do Estado na modernidade." (MBEMBE, 2018: 18-19)

Assim, o Estado Moderno é caracterizado como instituição organizada em torno da ideologia racial, baseada em características biológicas e genéticas, promovendo a partir dela a divisão da população em grupos e subgrupos que acessam de modo desigual o direito à vida e todos os demais direitos humanos. Para que um subgrupo possa existir e viver, é preciso que outro seja aniquilado, ou, como formula Foucault, "são mortos legitimamente aqueles que constituem uma espécie de perigo biológico para os outros"(FOUCAULT, 2013: 150). A manutenção da vida de uns se apoia na morte daqueles que são considerados inimigos e destituídos de humanidade. Mbembe considera a escravidão como uma das primeiras manifestações da experimentação biopolítica, "a primeira síntese entre massacre e burocracia, essa encarnação da racionalidade ocidental" (MBEMBE, 2018: 32), que alcança sua forma mais completa no Estado nazista.

Para ler o poema de Tatiana Nascimento e entender contra o que ele se arma, é preciso ainda considerar a interseccionalidade entre raça e gênero. Foucault considera a sexualidade um poderoso dispositivo de controle das populações, uma tecnologia política da vida, e trata, em dado momento, da conjunção entre o dispositivo da sexualidade e o racismo no contexto europeu:

> Ocorreu, a partir da segunda metade do século XIX, que a

temática do sangue foi chamada a vivificar e a sustentar, com toda uma profundidade histórica, o tipo de poder político que se exerce através dos dispositivos de sexualidade. O racismo se forma nesse ponto (racismo em sua forma moderna, estatal, biologizante): toda uma política do povoamento, da família, do casamento, da educação, da hierarquização social, da propriedade, e uma longa série de intervenções permanentes ao nível do corpo, das condutas, da saúde, da vida cotidiana, receberam então cor e justificação em função da preocupação mítica de proteger a pureza do sangue e fazer triunfar a raça. (FOUCAULT, 2013: 163)

Para pensar na articulação entre o dispositivo da sexualidade e o racismo no contexto brasileiro neste mesmo momento, no caso no fim do século XIX e início do XX, lembro das medidas do Estado brasileiro, após a abolição da escravatura, de criação de programas de migração, cujo objetivo era dedicar os novos postos de trabalho livre e assalariado para migrantes europeus, enquanto os negros recém-libertos eram entregues ao desamparo e à falta de condições de sobrevivência. A intenção de fundo desta política era o branqueamento da população, que na época era em sua quase totalidade negra e mestiça. Entre 1890 e 1914, chegaram 2,5 milhões de europeus ao Brasil, sendo financiada pelo governo do país a viagem de quase um milhão de pessoas brancas, sem contar o estímulo à imigração bancado por diversas sociedades privadas (HOFBAUER, 2007). Ao tratar do discurso do médico João Lacerda, um dos entusiastas do ideário do embranquecimento, Andreas Hofbauer fala dos efeitos da imigração e da "seleção sexual" (a preferência por casamento com brancos), que "deveriam dissolver a 'raça negra' num período de 100 anos e, desta forma, transformar o Brasil num dos principais centros do mundo civilizado." (HOFBAUER, 2007). A própria mitoideologia (como nomeia Carlos Moore) da democracia racial, cientificamente endossada no início do século XX pela obra de Gilberto Freyre[56], criou a narrativa de um convívio harmônico entre as raças, fazendo o elogio à mestiçagem, que é marca dos sucessivos estupros de mulheres negras pelos seus senhores e patrões brancos. De fato, também em terras brasileiras o controle da raça andou de par com uma regulação do exercício da sexualidade, predominantemente heterossexual.

Dentro desta lógica, os corpos negros, lésbicos, gays e trans são considerados ameaçadores e perigosos, alvos de desumanização e aniquilação, como apontam os versos: "(eles quase que nos/ somem)". Segundo relatório produzido pelo GGB (Grupo Gay da Bahia), o Brasil continua a ser um dos países que mais mata LGBTQI+ no mundo, sendo registradas 141 mortes de pessoas LGBTQI+ só no início de 2019, entre os meses de janeiro e maio. De acordo com o Atlas da Violência 2019, houve 193 casos de homicídio de LGBTQI+ notificados pelo Disque 100 em 2017. Em 2016, foram 5.930 notificações de violência contra homossexuais e bissexuais. Apesar de não haver dados sobre a raça das vítimas, é sabido que o índice de letalidade entre pessoas negras é muito maior do que entre pessoas brancas. Como já citado anteriormente, em 2017, 75,5% das vítimas de homicídio no Brasil eram negras conforme o Atlas da Violência 2019. É esse o combate que o amor dissidente e descolonizado precisa enfrentar.

---

[56] Sobre o uso do termo "democracia racial", Hofbauer esclarece: "Ainda que Freyre não tenha usado o termo democracia racial na sua obra-prima, não resta dúvida de que o seu clássico Casa-grande & Senzala (1933) contribuiu, de forma decisiva, para a consolidação do ideário da democracia racial no Brasil. (...) Em Casa-grande & Senzala, ele constrói os alicerces da ideia de que existe, de fato, uma cultura brasileira, produto de um amalgamento de diferentes raças/culturas, que constituiria a essência de uma nova nação. E ao destacar as diferentes contribuições positivas das três raças/culturas fundadoras, e ao descrever tanto a casa-grande e a senzala quanto as figuras do senhor e do escravo como dualismos complementares, Freyre não apenas recria e solidifica concepções essenciais da noção clássica de cultura (presente no culturalismo, mas também no funcionalismo e estruturalismo), mas fundamenta, implicitamente também, com argumentos científicos, a famosa ideia da democracia racial." (2007).

O cuíerlombismo de Tatiana Nascimento se volta contra o convencionalismo violento das relações afetivas e sexuais que se tornaram comuns no Brasil. Daí a negação dos sentidos hegemônicos, contratuais e heterocisnormatizantes cristalizados no "segurar-de-mãos": "isso que/ aparenta um segurar-de-mãos/ ousado não é declaração de posse/ ou de mero par, causal que fosse, nem/ só demonstração de afeto pública". No poema, o segurar de mãos é arma de guerra que vem instaurar o "apocalipse cuíer", a reinvenção das formas convencionais de amor e afeto, que as implode, bomba visceral que as desconstrói desde dentro, atuando como forma de resistência visceral. Achille Mbembe fala das "políticas da visceralidade" ao tratar dos movimentos de resistência ao epistemicídio na África do Sul. Ele usa a imagem do âmago do corpo, das vísceras, para tratar de microinsurreições:

> As resistências na África do Sul passam pela reabilitação da voz, pela expressão artística e simbólica, desafiando a tentativa do poder de relegar ao silêncio as vozes que não quer ouvir. Naquela região do mundo está se vivendo um ciclo de lutas do que eu chamo de políticas da visceralidade. (...) Essas microinsurreições ganham forma visceral como resposta à brutalização do sistema nervoso típica do capitalismo contemporâneo. Uma das formas de violência do capitalismo contemporâneo consiste em brutalizar o sistema nervoso. Como resposta, emergem novas formas de resistência ligadas à reabilitação dos afetos, emoções, paixões, que convergem nisso tudo que eu chamo de "políticas da visceralidade". É interessante ver como em muitos lugares, tanto nas lutas da população negra na África do Sul quanto nos Estados Unidos, os novos imaginários de luta procuram principalmente a reabilitação do corpo. (MBEMBE, 2019: 17-18)

Apesar de Mbembe referir-se a fenômenos ocorridos em localidades específicas, acredito que Tatiana Nascimento e as outras poetas aqui estudadas propõem algo semelhante à construção de novos imaginários de luta que buscam reabilitar o corpo, apostando no que ele chama visceralidade e que Audre Lorde chama erotismo. A guerra em que o amor é tecnologia ancestral, fonte de renovação inesgotável, é aquela em que os corpos desviantes conquistam suas humanidades através da autodeterminação, do ser para si. Contra a biopolítica e a necropolítica, Tatiana Nascimento lança mão de uma eroticopolítica, baseada na vida, no prazer, na sensibilidade e no sonho, que se investe de um caráter revolucionário, fazendo reluzir o brilho de outras narrativas para a população negra.

4. Romper com o silêncio

> *Contar as nossas histórias é o que possibilita a autorrecuperação política.*
> bell hooks

Chego às considerações finais desta tese em que comecei por investigar a aparente inexistência de poetas negras no cenário da literatura brasileira contemporânea. Acredito ter demonstrado que essa inexistência é, na verdade, um efeito ilusório, produto do jogo de espelhos arquitetado pelo racismo intersecional, que invisibiliza e desqualifica a escrita de artistas negras contemporâneas, assim como a escrita de autoras negras do passado. A esse efeito nomeei epistemicídio, termo cunhado por Boaventura dos Santos, que trata da produção de inexistências nas mais diversas instâncias do saber e da cultura. O epistemicídio é uma estratégia de dominação utilizada pelo colonialismo, que insiste em fazer-se presente em nosso cotidiano. Nesse jogo de ilusões, o cenário literário ocupado por homens brancos, em sua maioria, e por mulheres brancas não é lido racialmente, o que faz parecer natural a relação entre literatura e branquitude. Como pode ser natural em um país de maioria negra apenas pessoas brancas escreverem e produzirem subjetividade através da escrita? Seria a literatura um privilégio branco?

Somente um imaginário racista muito bem consolidado

poderia sustentar a ficção de que pessoas negras não são capazes de fazer literatura de qualidade e, neste imaginário hegemônico, estamos inseridos todos, com possibilidades e direitos desiguais. Infelizmente, a maioria das universidades e instituições de ensino, pautadas por ideais eurocêntricos, não tem se dedicado o suficiente à tarefa de desconstrução da tradição epistemicida. Daí a contribuição que desejo trazer com esta tese, de fomentar este tipo de discussão na academia, como têm feito outras/os intelectuais negras/os importantes. O silêncio sobre a autoria feminina negra na poesia é escandaloso e produziu muitos apagamentos que precisam de reparação.

No começo deste texto narrei uma experiência traumática com o racismo, vivida na universidade durante a minha defesa de mestrado; poderia ter contado muitas outras experiências vividas neste espaço, que aconteceram antes e depois dela, no entanto, aquela representou uma espécie de divisor de águas que me obrigou a perceber a universidade como um espaço embranquecido onde, por mais que eu me esforçasse para reproduzir os conceitos eurocêntricos presentes nas ementas dos cursos, não seria aceita como igual, a mim não seria possível sentir-me "em casa" naquela comunidade. Apesar de ter uma bagagem de conhecimentos construídos pela branquitude, "o meu corpo não foi lido como um corpo acadêmico" (KILOMBA, 2019: 62). Meu corpo de mulher negra não era lido como pertencente àquele lugar a maior parte do tempo.

A conclusão de que me aproprio é de Grada Kilomba, intelectual negra de ascendência africana nascida em Portugal, que narra uma experiência traumática com o racismo vivida na Universidade Livre de Berlim, na Alemanha. Após uma série de complicações que lhe impediam de realizar sua matrícula no doutorado, Grada conta que foi à biblioteca de psicologia da universidade, munida de uma carta de sua orientadora que dizia ser ela sua aluna. Independente da documentação e aprovação nos exames de seleção, ela foi barrada na entrada da biblioteca pela bibliotecária branca que não a reconheceu como aluna:

> Disse em voz alta: 'Você não é daqui, é? A biblioteca é apenas para estudantes universitárias/os!' Perplexa, parei. No meio de dezenas de pessoas brancas circulando 'dentro' daquele enorme recinto, eu fui a única parada e verificada na entrada. (...) Nos seus olhos, elas e eles eram lidos como corpos acadêmicos, corpos 'no lugar', 'em casa' (...) Eu respondi mostrando-lhe a carta que, como um passaporte, faria de mim 'um corpo no lugar'. O papel permitiria que eu entrasse em um espaço que minha pele não permitia, ou não tinha permissão para entrar. Aqui, a negritude vem coincidir não apenas com o 'fora', mas também com a imobilidade'. Estou imobilizada porque, como mulher negra, sou vista como 'fora de lugar'.

É muito simbólica esta história em que a interdição acontece em uma biblioteca, espaço de arquivamento de saberes reconhecidos como legítimos, espaço de autoria e de exercício da intelectualidade, que pessoas negras e de cor só podem acessar com muitos obstáculos e constrangimentos, sob um regime de exceção. Essa narrativa ilustra como atua o epistemicídio, no qual o exercício do saber e do pensamento são reconhecidos ou não de acordo com o fenótipo da pessoa, entendida a partir de sua aparência como mais ou menos pertencente, mais ou menos humana. Ao distinguir aqueles que podem daqueles que não podem acessar e produzir o saber, o epistemicídio cria uma hierarquia de poder que perpetua a lógica colonial baseada nas diferenças entre o eu e o outro. O outro é um ser desumanizado, que não tem a sua subjetividade reconhecida pelo poder dominante da branquitude.

Assim, a relação entre o papel e a pele são fundamentais em um espaço acadêmico, algo que, para mim, fica cada vez mais explícito. Eu, enquanto mulher negra que deseja acessar os espaços de saber e poder (o que implica também um compromisso social com o lugar de onde vim), entendi aos poucos que precisava assumir um posicionamento político e epistêmico diferente do que havia assumido durante quase todo o ensino superior. Era preciso enegrecer o pensamento para que a vida acadêmica fizesse sentido, para que eu entendesse melhor por onde me movia e para onde desejava ir. Esta pesquisa se transformou em uma busca por caminhos para encontrar e elaborar a minha voz de mulher negra, o que, acredito, pode ter um impacto coletivo no sentido de fazer reverberar um conjunto de conhecimentos produzidos por intelectuais negras/os que vem há alguns anos problematizando o cânone literário e as verdades científicas como resultado de relações raciais de poder.

Nesse sentido, é de extrema importância ler as obras de Conceição Evaristo, Lívia Natália e Tatiana Nascimento, intelectuais negras que combatem o epistemicídio e o racismo, dentro e fora das universidades, criando recursos para a descolonização do pensamento. Acho importante conectar suas trajetórias ao esforço histórico do Movimento Negro em romper com o silêncio e criar espaços para que pessoas negras pudessem desenvolver suas subjetividades, aptidões e intelectualidades. A antologia *Cadernos Negros*, em atividade desde 1978, foi o veículo que a intelectualidade negra utilizou para criar o conceito de "Literatura Negra", uma vertente da literatura brasileira que questiona a invisibilidade da autoria negra na historiografia literária e resgata diversos autores subestimados e silenciados pelo cânone, como Luís Gama, Solano Trindade e Maria Firmina dos Reis. Posteriormente, este conceito chegou às universidades através de militantes que ingressaram nos cursos de Letras (em um período pré-cotas raciais) e escreveram trabalhos a este respeito. *Cadernos Negros* também garantiu a publicação de autores estreantes, como Conceição Evaristo, nos anos 90, formando toda uma geração de autoras/es negras/os mais fortalecidas/os pela discussão coletiva e pela militância, deixando um legado para as gerações futuras de escritoras/es negras/os. A lógica de funcionamento dos *Cadernos Negros* é a do quilombo, a de uma organização social alternativa, que atua como resistência da tradição dos saberes negros contra o epistemicídio. Acho importante empregar e difundir o conceito "literatura negra", que chamo negro-brasileira, e entendo estas poetas como parte dela.

As poéticas de Conceição Evaristo, Lívia Natália e Tatiana Nascimento investem em um mergulho em suas próprias subjetividades, desorganizando a lógica hegemônica do eu e do outro ao colocar a mulher negra e a pessoa negra no lugar do eu, o que possibilita o exercício da autodeterminação, da descolonização do pensamento e da formulação de epistemes diaspóricas afrocentradas. É o procedimento presente no poema "OutrÁfricas", de Lívia Natália:

> O negrume de minha pele
> não dói na ponta dos meus dedos,
> não dói entre minhas pernas,
> nem nos joelhos.
> Não dói quando meu cabelo se dobra
> em cachos crespos,

não dói.

Esta cor que fala antes de mim,
que chega alastrando-se
e a tudo contamina
com
seu cheiro salobro de outrÁfricas,
em mim não dói.

Ela dói no outro.
Arde, violenta seus olhos.
Fere, na carne grossa do medo,
a brecha macia que sabe
do vermelho-irmão de todo sangue.

(NATÁLIA, 2015: 135).

O corpo negro não dói, não é o território da dor. Não doem os dedos, o sexo, os joelhos, os cabelos e a cor. A narrativa da dor corresponde à mirada branca, à perspectiva da branquitude, que produz uma imagem distorcida da pessoa negra, mulher ou homem. O eu do poema não assume esta perspectiva para si, liberada/o do auto-ódio engendrado pela internalização de autoimagens negativas produzidas pelo racismo. A dor de que o poema desvia é uma projeção do sujeito branco que, por fim, teme o "vermelho-irmão de todo sangue", a igualdade entre os seres humanos. O estado do eu reconciliado com seu corpo, liberado da dependência em relação à branquitude, é um dos ideais da descolonização. Os primeiros versos falam que não há dor na ponta do dedos com as quais a poeta negra escreve, o que é importante, pois as poéticas em apreciação não se limitam ao martírio ou à violência do racismo, ocupando-se não só de denunciar, mas também de anunciar novas perspectivas baseadas em "tecnologias ancestrais", nas palavras de Tatiana Nascimento. Em *Cuírlombismo literário*, Tatiana afirma que é preciso não só falar sobre a dor, mas reagir a ela:

> Reagir à dor é ainda recontar histórias. falar dor nos permite buscar cura (se é nosso projeto. Imagino que, para muitxs, seja). sentir a ferida colonial, pensar: como curar esse grande machucado íntimo, coletivo, antigo, renitente? mesmo que denunciar o racismo heterocisssexista seja uma necessidade constante de afirmação de existências negras lgbtqi, temos mais que denúncias a fazer, especialmente pela nossa poesia, que se conecta a um projeto epistêmico negro-sexual-dissidente atravessado por disputas narrativas. (...) quem inventa a noção de miséria, escassez, pobreza e sofrimento como integrantes à negritude é a empreitada colonial de sequestro/tráfico/exploração, por isso tal retórica ser fundamental à sustentação do racismo: quem nos inventa como escravizados são os escravizadores, sempre fomos mais e antes; sequer viemos pras américas pelo tráfico – Luzia caminhou até aqui. (NASCIMENTO, 2019: 18)

Aqui a poesia é um modo de contar a história sob um ponto de vista afrocentrado, por isso ela está conectada a um "projeto epistêmico negro-sexual-dissidente". Este recontar da história é um modo de liberar-se do imaginário colonial e curar as feridas antigas, íntimas e coletivas. Através das palavras, reconectar-se com a memória ancestral de povos que foram os mais antigos e primeiros, os povos da África, desde os quais toda a humanidade se originou, e ativar saberes que criam perspectivas de futuro para a população negra. Tatiana Nascimento lembra de Luzia, nome dado ao fóssil humano mais antigo encontrado na América do Sul, com cerca de 12.500 a 13.000 anos, uma mulher negra que foi considerada pelos arqueólogos como parte da primeira população humana a entrar no continente americano. A luz que luzia no princípio de tudo é escura. É essa imagem ancestral de mulher negra que a poeta escolhe para espelhar-se e recontar a história da diáspora de um povo extraordinário que não se resume à escravização.

Conceição Evaristo espelha-se na imagem ancestral das mãos lavadeiras de sua mãe, que escreviam na lama, mobilizando todo o corpo para a inscrição da imagem da manutenção da vida, o sol:

> Era um ritual de uma escrita composta de múltiplos gestos, em que todo corpo dela se movimentava e não só os dedos. E os nossos corpos também, que se deslocavam no espaço acompanhando os passos de mãe em direção à página-chão em que o sol seria escrito. Aquele gesto de movimento-grafia era uma simpatia para chamar o sol. (...) Minha mãe não desenhava, não escrevia somente um sol, ela chamava por ele, assim como os artistas das culturas tradicionais africanas sabem que as suas máscaras não representam uma entidade, elas são as entidades esculpidas e nomeadas por eles. E no círculo-chão, minha mãe colocava o sol, para que o astro se engrandecesse no infinito e se materializasse em nossos dias."
> (EVARISTO, 2007)

Na narrativa sobre um dos lugares de nascimento de sua escrita, a poeta valoriza o saber ancestral cultivado por sua mãe, uma mulher negra periférica. Através deste saber, desenvolve a sua concepção de escrita como uma atividade urgente, comprometida com a vida de pessoas negras que têm a necessidade de evocar futuros ensolarados e esperançosos. É essa consciência que compromete a sua escrita com "um lugar de auto-afirmação de minhas particularidades, de minhas especificidades como sujeito-mulher-negra" (EVARISTO, 2007), uma autoinscrição no mundo associada ao compromisso íntimo e coletivo com a humanização da população negra. O gesto de autoinscrição de sua subjetividade de mulher negra assume, para a poeta, um sentido de insubordinação aos lugares subalternos impostos pelo racismo, o que faz lembrar de Anastácia. Conceição traz, muitas vezes, em suas palestras, a imagem de Anastácia, amordaçada pela máscara de flandres, como imagem de toda a população negra silenciada pela violência colonial. Porém, a poeta diz que sabemos falar através da máscara e, por vezes, de modo tão potente que somos capazes de romper com a máscara e estilhaçá-la. Assim ela desenha um projeto literário descolonizador, no qual a poesia negro-feminina não se furta a incomodar os sonhos injustos dos da casa grande: "A nossa escrevivência não pode ser lida como histórias para "ninar os da casa grande" e sim para incomodá-los em seus sonhos injustos" (EVARISTO, 2007).

Acredito que as três poetas estão afinadas a este projeto de estilhaçar as máscaras e romper com o silêncio, empenhando a escrita no exercício de autoconhecimento e autoamor que oferece autoimagens positivas para as mulheres e homens negras/os. Romper com o silêncio possibilita guiar a vida e a literatura por outras epistemologias e, também, encontrar uma comunidade na qual é possível sentir-se em casa. Tendo dito tudo o que poderia até o presente momento, encerro com um trecho do ensaio "A transformação do silêncio em linguagem e ação", da poeta afro-americana Audre Lorde:

"Meus silêncios não tinham me protegido. Tampouco protegerá a vocês. Mas cada palavra que tinha dito, cada tentativa que tinha feito de falar as verdades que ainda persigo, me aproximou de outras mulheres, e juntas examinamos as palavras adequadas para o mundo em que acreditamos, nos sobrepondo a nossas diferenças."

5. Referências Bibliográficas

AKOTIRENE, Carla. *O que é interseccionalidade?* Belo Horizonte: Letramento, 2018.

ALVES, Miriam. *BrasilAfro autorrevelado: Literatura Brasileira Contemporânea*. Belo Horizonte: Nandyala, 2010.

ANTÔNIO, Carlindo Fausto. *Cadernos negros: um esboço de análise*. Campinas, 2005. Tese de doutorado UNICAMP. Disponível em http://repositorio.unicamp.br/bitstream/REPOSIP/269851/1/Antonio_CarlindoFausto_D.pdf. Acessado em 01/07/2018.

ANZALDÚA, Glória. "Falando em línguas: uma carta para as mulheres escritoras do terceiro mundo". Revista Estudos Feministas. CFH/UFSC, v. 8, nº 1, 2000.

BARTHES, Roland. *Aula*. Trad. Leyla Perrone-Moisés. São Paulo: Cultrix, 2007.

BEAUVOIR, Simone. *O segundo sexo: fatos e mitos, volume 1*. Tradução Sérgio Milliet. 3º edição. Rio de Janeiro: Nova Fronteira, 2016.

BENJAMIN, Walter. *Magia e técnica, arte e política: ensaios sobre literatura, história da cultura*. Trad. Sérgio Paulo Rouanet. São Paulo: Brasiliense, 1994.

BERND, Zilá (org.). *Antologia de poesia Afro-Brasileira: 150 anos de consciência negra no Brasil*. Belo Horizonte: Mazza Edições, 2011.

BERTH, Joice. *O que é empoderamento?* Belo Horizonte: Letramento, 2018.

BUTLER, Judith. *Problemas de gênero: feminismo e subversão da identidade*. Tradução Renato Aguiar. 10º edição. Rio de Janeiro: Civilização Brasileira, 2016.

CANDIDO, Antônio. *Formação da Literatura Brasileira: momentos decisivos*. 5º edição. Belo Horizonte: Itatiaia; São Paulo: USP, 1975.

CANDIDO, Antônio e CASTELLO, José Aderaldo. *Presença da literatura brasileira*.

_____. *Das origens ao Romantismo*. 7º edição revista. São Paulo/ Rio de Janeiro: Difel, 1976.

_____. *Do Romantismo ao Simbolismo*. São Paulo: Difusão Europeia do livro, 1974.

_____. *Modernismo*. 5º edição revista. São Paulo: Difusão Europeia do livro, 1974.

CARNEIRO, Sueli. *A construção do outro como não-ser como fundamento do ser*. Tese de doutorado defendida na USP, em 2005. Disponível em https://docgo.net/philosophy-of-money.html?utm_source=epistemicidio-sueli-carneiro-pdf Acessado em agosto de 2018.

_____. *Escritos de uma vida*. Belo Horizonte: Letramento, 2018.

COVAL, Olga. "Por detrás do palco: a figura feminina nas Cantigas de Amigo". Revista Escrita, ano 2014, número 19. Disponível em www.maxwell.vrac.puc-rio.br/23776/23776.PDF . Acessado em junho de 2019.

CUTI, *Literatura negro-brasileira*. São Paulo: Selo Negro, 2010.

DAVIS, Angela. *Mulheres, raça e classe*. Tradução Heci Regina Candiani. São Paulo: Boitempo, 2016.

DUARTE, Eduardo de Assis. "Literatura afro-brasileira: elementos para uma conceituação". Disponível em http://revista.arquivonacional.gov.br/index.php/revistaacervo/article/view/9. Acessado em 01/07/2018.

_____. "Por um conceito de literatura afro-brasileira". Disponível em https://revistas.ufrj.br/index.php/tm/article/view/10953. Acessado em 01/07/2018.

_____. "Mulheres Marcadas: literatura, gênero, etnicidade". Disponível em http://www.letras.ufmg.br/literafro/artigos/artigos-teorico-conceituais/149-eduardo-de-assis-duarte-mulheres-marcadas-literatura-genero-etnicidade. Acessado em 01/07/2018.

_____. "O negro na literatura brasileira". Disponível em http://revistaseletronicas.pucrs.br/ojs/index.php/navegacoes/article/viewFile/16787/10936 . Acessado em 01/07/2018.

_____. *Literatura, política, identidades*. Belo Horizonte: FALE-UFMG, 2005.

DOTSON, Kristie. "Tracking Epistemic Violence, Tracking Practices of Silencing". Disponível em https://onlinelibrary.wiley.com/doi/abs/10.1111/j.1527-2001.2011.01177.x . Acessado em 01/07/2018.

DUKE, Dawn. *A escritora afro-brasileira: ativismo e arte literária*. Belo Horizonte: Nandyala, 2016.

EDIÇÃO DOS AUTORES. *Cadernos Negros 5* – Poesia. São Paulo, 1982.

EFRAIM, Raquel. "Penélope, tecelã de enganos". Revista Kínesis vol. IV, nº 08, Dezembro 2012, p. 135-146.

EVARISTO, Conceição. *Poemas da recordação e outros movimentos*. 3º edição. Rio de Janeiro: Malê, 2017.

_____. *Ponciá Vicêncio*. Rio de Janeiro: Pallas, 2017.

_____. "Da representação à auto-representação da mulher negra na literatura brasileira". Disponível em http://www.palmares.gov.br/sites/000/2/download/52%20a%2057.pdf . Acessado em 01/07/2018.

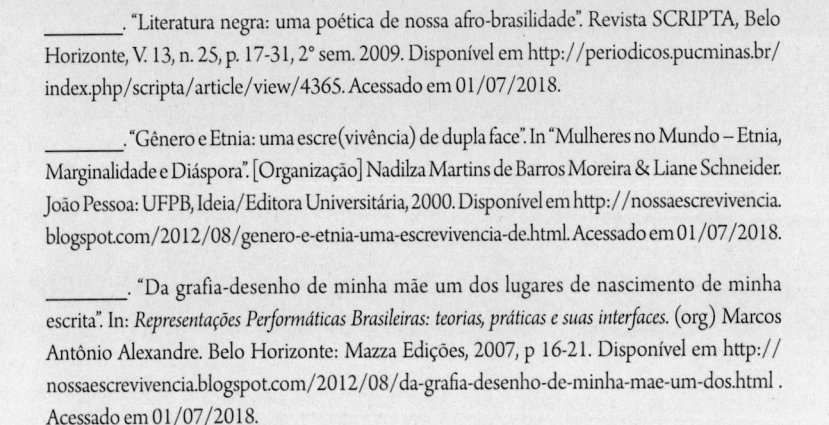

_____. "Literatura negra: uma poética de nossa afro-brasilidade". Revista SCRIPTA, Belo Horizonte, V. 13, n. 25, p. 17-31, 2° sem. 2009. Disponível em http://periodicos.pucminas.br/index.php/scripta/article/view/4365. Acessado em 01/07/2018.

_____. "Gênero e Etnia: uma escre(vivência) de dupla face". In "Mulheres no Mundo – Etnia, Marginalidade e Diáspora". [Organização] Nadilza Martins de Barros Moreira & Liane Schneider. João Pessoa: UFPB, Ideia/Editora Universitária, 2000. Disponível em http://nossaescrevivencia.blogspot.com/2012/08/genero-e-etnia-uma-escrevivencia-de.html. Acessado em 01/07/2018.

_____. "Da grafia-desenho de minha mãe um dos lugares de nascimento de minha escrita". In: *Representações Performáticas Brasileiras: teorias, práticas e suas interfaces.* (org) Marcos Antônio Alexandre. Belo Horizonte: Mazza Edições, 2007, p 16-21. Disponível em http://nossaescrevivencia.blogspot.com/2012/08/da-grafia-desenho-de-minha-mae-um-dos.html . Acessado em 01/07/2018.

_____. "Conceição Evaristo: nossa fala estilhaça a máscara do silêncio". Disponível em https://www.cartacapital.com.br/sociedade/conceicao-evaristo-201cnossa-fala-estilhaca-a-mascara-do-silencio201d

_____. "Escre(vi)(vendo)me: ligeiras linhas de uma auto-apresentação", in "Mulheres no Mundo – Etnia, Marginalidade e Diáspora", Nadilza Martins de Barros Moreira & Liane Schneider (orgs), João Pessoa, UFPB, Ideia/Editora Universitária, 2005.

FIGUEIREDO, Maria do Carmo Lanna e FONSECA, Maria Nazareth Soares. *Poéticas Afro-brasileiras.* 2° edição. Belo Horizonte: Mazza; PUC Minas, 2012.

FOUCAULT, Michel. *História da sexualidade I: Vontade de saber.* Tradução Maria Thereza da Costa A. e J. A. Guilhon A. São Paulo: Graal, 2013.

GONZALES, Lélia. "Racismo e sexismo na cultura brasileira". Revista Ciências Sociais Hoje, ANPOCS, 1984. Disponível em https://www.academia.edu/27681600/Racismo_e_Sexismo_na_Cultura_Brasileira_-_L%C3%A9lia_Gonzales.pdf?auto=download Acessado em agosto de 2018.

GROSSFOGUEL, Rámon. "A estrutura do conhecimento nas universidades ocidentalizadas: racismo/sexismo epistêmico e os quatro genocídios/epistemicídios do longo século XVI". Revista Sociedade e Estado, Volume 31, Número 1, Janeiro/Abril 2016. Disponível em http://www.scielo.br/scielo.php?script=sci_arttext&pid=S0102-69922016000100025. Acessado em janeiro de 2019.

HOFBAUER, Andreas. "Branqueamento e democracia racial: sobre as entranhas do racismo no Brasil". In: *Por que "raça"? Breves reflexões sobre a questão racial no cinema e na antropologia.* Santa Maria: EDUFSM, 2007, p. 151-188. Disponível em https://andreashofbauer.files.wordpress.com/2011/08/branqueamento-e-democracia-racial_finalc3adssima_2011.pdf . Acessado em julho de 2019.

HOLANDA, Heloisa Buarque de. *Impressões de viagem – CPC, vanguarda e desbunde: 1960/1970*. São Paulo: Brasiliense, 1980.

_____. *26 poetas hoje*. [Organização] 6º edição. Rio de Janeiro: Aeroplano Editora, 2007.

HOOKS, bell. "Vivendo de amor". In *O livro da saúde das mulheres negras: nossos passos vêm de longe*. [organização] Jurema Werneck, Maisa Mendonça, Evelyn C. White. 2º edição. Rio de Janeiro: Pallas/Criola, 2006.

_____. *Olhares negros: raça e representação*. Tradução Stefanie Borges. São Paulo: Elefante, 2019.

_____. *Ensinando a transgredir: a educação como prática da liberdade*. São Paulo: WMF Martins Fontes: 2017.

_____. "Intelectuais negras". Revista Estudos Feministas, Florianópolis, v. 3, n. 2, p. 464, jan. 1995. ISSN 1806-9584. Disponível em https://periodicos.ufsc.br/index.php/ref/article/view/16465. Acessado em julho de 2019.

_____. "O amor como prática da liberdade". "Love as the practice of freedom". In: Outlaw Culture. Resisting Representations. Nova Iorque: Routledge, 2006, p. 243-250. Tradução para uso didático por Wanderson Flor do Nascimento. Disponível em https://docgo.net/detail-doc.html?utm_source=bell-hooks-o-amor-como-a-pratica-da-liberdade-pdf Acessado em julho de 2019.

_____. "Curando nossas feridas: atenção libertadora à saúde mental". Healing our wounds: liberatory mental health care. In: hooks, bell. Killing rage: ending racism. Nova Iorque: An Owl Book, 1995. p. 133-145. Tradução Tatiana Nascimento dos Santos. Disponível em https://traduzidas.wordpress.com/ Acessado em julho de 2019.

_____. "Alisando o nosso cabelo". Revista Gazeta de Cuba – Unión de escritores y Artista de Cuba, janeiro-fevereiro de 2005. Tradução do espanhol: Lia Maria dos Santos. Disponível em https://coletivomarias.blogspot.com/ Acessado em junho de 2019.

IANNI, Octavio. "Literatura e consciência". Revista Instituto de Estudos Brasileiro, São Paulo, 28:91, 92. 1988. Disponível em http://www.revistas.usp.br/rieb/article/view/70034. Acessado em julho de 2018.

JESUS, Carolina Maria. *Quarto de despejo: diário de uma favelada*. 10º edição. São Paulo: Ática, 2014.

KILEUY, Odé e OXAGUIÃ, Vera de. *O candomblé bem explicado (Nações Bantu, Iorubá e Fon)*; [organização Marcelo Barros]. Rio de Janeiro: Pallas, 2018.

KILOMBA, Grada. *Memórias da plantação – Episódios de racismo cotidiano*. Rio de Janeiro: Cobogó, 2019.

_____. "A máscara". Tradução Jessica Oliveira de Jesus. Disponível em https://www.revistas.usp.br/clt/article/viewFile/115286/112968 Acessado em julho de 2019.

KIMBERLE, Crenshaw. "A intersecionalidade na discriminação de raça e classe". Disponível em http://www.acaoeducativa.org.br/fdh/wp-content/uploads/2012/09/Kimberle-Crenshaw.pdf. Acessado em janeiro de 2018.

_____. "Por que é que a intersecionalidade não pode esperar?" Disponível em https://apidentidade.wordpress.com/2015/09/27/porque-e-que-a-interseccionalidade-nao-pode-esperar-kimberle-crenshaw/ Acesssado em janeiro de 2018.

LOPES, Nei. *Novo dicionário Banto do Brasil*. Rio de Janeiro: Pallas, 2012.

LORDE, Audre. "Poesia não é um luxo". Tradução Tatiana Nascimento dos Santos. In: *Letramento e tradução no espelho de Oxum: teoria lésbica negra em auto/re/conhecimentos*. Florianópolis, 2014. Tese de doutorado UFSC. Disponível em https://repositorio.ufsc.br/handle/123456789/128822. Acessado em 01/07/2018.

_____. "Usos do erótico: o erótico como poder". Tradução Tatiana Nascimento dos Santos. Disponível em https://traduzidas.wordpress.com/ Acessado em julho de 2019.

_____. "As ferramentas do sinhô nunca vão derrubar a casa-grande". Tradução Tatiana Nascimento dos Santos. Disponível em https://traduzidas.wordpress.com/ Acessado em julho de 2019.

_____. "Autodefinição e a minha poesia". Tradução Tatiana Nascimento dos Santos. Disponível em https://traduzidas.wordpress.com/ Acessado em julho de 2019.

_____. "A transformação do silêncio em linguagem e ação". Disponível em https://www.geledes.org.br/a-transformacao-do-silencio-em-linguagem-e-acao/ Acessado em julho de 2019.

MARTINS, Leda Maria. "Performances da oralitura: corpo, lugar da memória". In Revista do Programa de Pós-Graduação em Letras da UFSM. Letras nº 26. Língua e Literatura: limites e fronteiras. 2003.

_____. "A fina lâmina da palavra". In: O eixo e a roda: revista de literatura brasileira. UFMG, v. 15, 2007.

_____. "Performances do tempo espiralar". In: Performance, exílio, fronteira: errâncias territoriais e textuais. Belo Horizonte: Departamento de Letras Românicas; Faculdade de Letras, UFMG: Poslit, 2002.

_____. *Afrografias da memória: O Reinado do Rosário no Jatobá*. São Paulo: Perspectiva; Belo Horizonte: Mazza, 1997.

MBEMBE, Achille. *A crítica da razão negra*. São Paulo: n-1 edições, 2018.

_____. *Necropolítica: biopoder, soberania, estado de exceção, política da morte*. São Paulo: n-1 edições, 2018.

_____. *Poder brutal, resistência visceral*. Série Pandemia. São Paulo: n-1 edições, 2019.

NAPOLEÃO, Eduardo. *Vocabulário Yorùbá*. Rio de Janeiro: Pallas, 2011.

NASCIMENTO, Abdias. O *quilombismo: documentos de uma militância pan-africanista*. 3º ed. rev. São Paulo: Editora Perspectiva; Rio de Janeiro: Ipeafro, 2019

NASCIMENTO, Elisa Larkin (org). *Afrocentricidade: uma abordagem epistemológica inovadora*. São Paulo: Selo Negro, 2009. (Sankofa: matrizes africanas da cultura brasileira; 4)

_____. *Guerreiras de natureza: mulher negra, religiosidade e ambiente*. São Paulo: Selo Negro, 2008. (Sankofa: matrizes africanas da cultura brasileira; 3)

NASCIMENTO, Maria Beatriz. *Beatriz Nascimento, quilombola e intelectual: possibilidade nos dias da destruição*. Diáspora Africana: editora Filhos da África, 2018.

NASCIMENTO, Tatiana. *Lundu*, 2º edição. Brasília: Padê editorial, 2017.

_____. *Mil994*. Brasília: Padê, 2018.

_____. *07 notas sobre o apocalipse, ou, poemas para o fim do mundo*. Rio de Janeiro: Garupa e kza1, 2019a.

_____. *Cuírlombismo literário: poesia negra LGBTQI desorbitando o paradigma da dor*. Pandemia. São Paulo: n-1 edições, 2019b.

_____. *Letramento e tradução no espelho de Oxum: teoria lésbica negra em auto/re/conhecimentos*. Florianópolis, 2014. Tese de doutorado UFSC. Disponível em https://repositorio.ufsc.br/handle/123456789/128822. Acessado em 01/07/2018.

_____. Entrevista blog Ponto Paralelo. Disponível em http://pontoparaler.com.br/ponto-paralelo-tatiana-nascimento/ Acessado em 01/07/2018.

_____. "Diz/topias". In Revista Suplemento de Pernambuco nº 170, abril 2020, p. 12-17.

NATÁLIA, Lívia Maria. *Água negra e outras águas*. Salvador: EPP, 2016.

_____. *Correntezas e outros estudos marinhos*. Salvador: Ogum´s Toques Negros, 2015.

_____. *Dia bonito pra chover*. Rio de Janeiro: Malê, 2017.

_____. *Sobejos do Mar*. Salvador: EPP Publicações e Publicidade, 2017.

_____. "Poéticas da diferença: a representação de si na lírica afro-feminina". Disponível em http://www.letras.ufmg.br/literafro/artigos/artigos-teorico-conceituais/154-livia-maria-natalia-de-souza-santos-poeticas-da-diferenca. Acessado em 01/07/2018.

_____. "Venci a resistência a escrever sobre o amor". Entrevista disponível em http://atarde.uol.com.br/muito/noticias/1926188-livia-natalia-venci-a-resistencia-a-escrever-sobre-o-amor. Acessado em 29/01/2019.

NOGUERA, Renato. "A ética da serenidade: o caminho da barca e a medida da balança na filosofia de Amen-em-ope". Revista Ensaios Filosóficos, Volume VIII – Dezembro/2013.

_____. *Mulheres e deusas: como as divindades e os mitos femininos formaram a mulher atual*. Rio de Janeiro: Harper Collins, 2017.

OLIVEIRA, Eduardo. "Epistemologia da ancestralidade". Disponível em filosofia-africana.weebly.com. Acessado em 25/05/2019.

PACHECO, Ana Cláudia Lemos. *Mulher negra: afetividade e solidão*. Salvador: EDUFBA, 2013.

PEREIRA, Edimilson de Almeida. "Panorama da literatura Afro-Brasileira". Disp.onível em www.letras.ufmg.br/literafro. Acessado em 01/07/2018.

PIEDADE, Vilma. *Dororidade*. São Paulo: Editora Nós, 2017.

PRANDI, Reginaldo. *Mitologia dos orixás*. São Paulo: Cia das Letras, 2001.

RIBEIRO, Djamila. *O que é lugar de fala?* Belo Horizonte: Letramento: Justificando, 2017.

ROSA, Guimarães. *Manuelzão e Miguilim: Corpo de baile*. 12° edição. Rio de Janeiro: Nova Fronteira, 2016.

SAILLANT, Francine. "O navio Negreiro. Refiguração identitária e escravidão no Brasil". Disponível em http://www.scielo.br/pdf/tem/v15n29/05.pdf. Acessado em maio de 2019.

SANTIAGO, Ana Rita. *Vozes literárias de escritoras negras*. Cruz das almas, Bahia: UFRB, 2012.

SANTOS, Boaventura de Souza. *Pela mão de Alice: o social e o político na pós-modernidade*.São Paulo: Cortez, 2003.

_____. "Para uma sociologia das ausências e uma sociologia das emergências". Revista Crítica de Ciências Sociais, 63, Outubro 2002. Disponível em http://www.boaventuradesousasantos.pt/media/pdfs/Sociologia_das_ausencias_RCCS63.PDF. Acessado em janeiro de 2019.

SANTOS, Juana Elbein dos. *Os Nagô e a morte: Pàde, Àsèsè e o culto Égun na Bahia*; traduzido pela Universidade Federal da Bahia. Petrópolis: Vozes, 2012.

SILVA, Marcos da Silva e. "O banzo, um conceito existencial: um afroperspectivismo filosófico do existir-negro". Griot : Revista de Filosofia, Amargosa – BA, v.17, n.1, p.48-60, junho, 2018. Disponível em https://www3.ufrb.edu.br/seer/index.php/griot/article/view/809 . Acessado em maio de 2019.

SOARES, Maria Nazareth. "Poesia afro-brasileira – vertentes e feições". Disponível em http://www.letras.ufmg.br/literafro/artigos/artigos-teorico-conceituais/160-maria-nazareth-soares-fonseca-poesia-afro-brasileira-vertentes-e-feicoes. Acessado em 01/07/2018.

SOMÉ, Sobonfu. *O espírito da intimidade: ensinamentos ancestrais africanos sobre relacionamentos*. 2° ed. São Paulo: Odysseus, 2007.

SOUSA, Neusa Santos. Tornar-se negro: as vicissitudes da identidade do negro brasileiro em ascensão social. Rio de Janeiro: Edições Graal, 1983.

SOUZA, Florentina da Silva. *Afro-descendência em Cadernos Negros e Jornal MNU*. Belo Horizonte: Autêntica, 2006.

_____. *Literatura afro-brasileira*. [organização] Forentina Souza, Maria Nazaré Lima. Salvador: Centro de Estudos Afro-Orientais; Brasília: Fundação Cultural Palmares, 2006. Disponível em file:///C:/Heleine/DOUTORADO/Florentina-Souza-Maria-Nazare-Lima-Org-Literatura-Afro-brasileira.pdf. Acessado em 01/07/2018.

SOUZA, João da Cruz e. *Obra Completa: prosa*. Jaraguá do Sul: Avenida, 2008. V.2

SPIVAK, Gayatri. *Pode o subalterno falar?* Belo Horizonte: Editora UFMG, 2010.

XAVIER, Giovana. "Entre personagens, tipologias e rótulos da 'diferença': a mulher escrava na ficção do Rio de Janeiro no século XIX" In: Mulheres negras no Brasil escravista do pós-emancipação. [Organização Giovana Xavier, Juliana Barreto Farias, Flavio Gomes. São Paulo: Selo Negro, 2012.

Esta obra foi elaborada em arno pro light 13, impressa na Trio Gráfica para a Editora Malê em agosto de 2024.